U0586312

谈话的力量

高文斐 / 编著

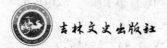

吉林文史出版社

图书在版编目（CIP）数据

谈话的力量 / 高文斐编著 . –– 长春 : 吉林文史出版社，2018.10（2019.5 重印）

ISBN 978-7-5472-5475-2

Ⅰ . ① 谈… Ⅱ . ① 高… Ⅲ . ① 口才学 – 通俗读物

Ⅳ . ① H019–49

中国版本图书馆 CIP 数据核字 (2018) 第 222606 号

谈话的力量
TANHUADELILIANG

编　　著　高文斐

责任编辑　张雅婷

封面设计　末末美书

出版发行　吉林文史出版社有限责任公司

地　　址　长春市福祉大路出版集团 A 座

电　　话　0431–81629353

网　　址　www.jlws.com.cn

印　　刷　天津一宸印刷有限公司

开　　本　880 毫米 × 1230 毫米　1/32 开

印　　张　8

字　　数　166 千

版　　次　2018 年 10 月第 1 版　　2019 年 5 月第 2 次印刷

定　　价　36.80 元

书　　号　ISBN 978-7-5472-5475-2

前言
PREFACE

"给我一次谈话的机会，我就能改变这个世界！"

看到有人这么说，你一定会如此以为：这个人是不是疯了？

其实，这句话一点儿没错，反而是一句"真理"。

生活无处不谈话，为人处世、求人办事、商品买卖、商贸谈判、政治交往等，所有这些事情都跟一件事情有关，就是谈话。你要想获得别人的理解支持，处处左右逢源，就要先让别人了解你，从陌生到熟悉，从怀疑到信任，从反对到认同，而谈话是重要的前提和手段。

美国人类行为科学研究者汤姆士曾断言："发生在成功人士身上的奇迹，至少有一半是由口才创造的。"这话用在历届美国总统身上，是最合适不过的。

我们大家都知道，美国总统都是通过竞选而产生的，而这种竞选与其说是各方能力的较量，不如说是个人谈话力的"大比拼"，最后胜利者的谈话能力总是令人称道的。他们的话字字珠玑、句句精髓，鞭辟入里、直指要义，往往能起到点石成金的效果。

1860年，林肯与民主党候选人道格拉斯一同竞选美国总统。这似乎是一场没有悬念的竞选，道格拉斯家财万贯，个性张扬，精力四射，而林肯家境贫寒，其貌不扬，生性低调，但是什么让林肯最终战胜了道格拉斯这一强大对手呢？当道格拉斯在竞选中炫耀财富、制造声势时，林肯诚恳地对选民说了这样一段话："有人问我有多少财产，我有一个妻子、三个儿子，都是无价之宝。此外还租有一个办公室，室内有办公桌一张，椅子三把，墙角还有一个大书架，架上的书值得每个人一读。我本人既穷又瘦，脸蛋儿很长，不会发福，我实在没有什么可依靠的，唯一可依靠的就是你们。"

正是林肯这一段真诚、得体的话语，成功地打动了选民，增加了他们的认同感和亲近感，最终他胜选当上了美国总统。

这，就是谈话的力量。

但做到这些并不是容易的事，说话——除了先天性失聪者以外，人人都会说，这是上帝赋予人类最基本的能力。但谈话能力却是对人综合能力的考验，其中词汇量的积累、反应能力的锻炼、对周围环境的观察等，只有肯自觉重新锻造自己的人，才可能掌握高超的谈话技巧。因此，谈话是一门需要很大耐心和毅力去研究的学问。

生活中，你是否曾经或正在遭遇这样的尴尬：一跟人谈话就紧张、尴尬，不知道说什么，前言不搭后语；很清楚事情的来龙去脉，但就是说不清楚；谈话不过脑子，一张口就容易得罪人；说话没有分量，每次自己还没说完，听的人不是打断就是转身离去……

正是为了帮助你尽快改变这些窘境，这本《谈话的力量》在此时隆重上市。此书从谈话的基本功、双方的互动、如何说服、谈话的技巧、谈话的禁忌等多个方面，全面且细致地阐述如何把话说活、说巧、说妙。每一小节都做到案例与理论相结合，可使读者在阅读过程中有身临其境的感受，只要你遵循书中简单有效的原则，不断领悟、

不断实践，就一定可以成为世界上最会谈话的人，撬动整个世界为你
而转！

　　愿你拥有舌灿莲花的自由，想认识谁就能认识谁。

　　愿你拥有谈笑风生的资本，跟任何人都能聊得来。

　　愿你拥有舌战群儒的金口，让所有事情风生水起。

目录
CONTENT

001 | **CHAPTER 01**
别傻了，这是一个"谈话红利"时代

　　人生在世，无可避免地要与他人交往、沟通以及相处，只要有人的地方就需要谈话。最会说话的人，将左右逢源，如鱼得水；不会说话的人，将处处受限，寸步难行。在这样一个"谈话红利"时代，我们都需要敢说话、能说话、善说话，并使之牵引一切能力的发展。

谈话的力量

025 | CHAPTER 02
天天说话，不见得你就会谈话

人人都会说话，说话是最简单的事情，也是最复杂的事情。不少人常常因为讲话不得法而惹人生气，让人误解，造成尴尬，产生纠纷，甚至错失机遇等。说话不是简单地张张嘴和动动舌头，通过说话获得好感、获取信任，或者解决问题，这才叫真正的会谈话。

047 | CHAPTER 03
中国好声音，是怎样炼成的

在谈话中，好听的声音让人如沐春风，这也是很多都渴望拥有的。天赋是一方面，更重要的是，我们一定要带着感情去说，自信满满，不躁不怒，抑扬顿挫，速度的变化与音调的高低，必须搭配得当，增强语言的节奏感、表现力和感染力，牢牢抓住听者的注意力。

065 | CHAPTER 04
给每一次谈话，贴上你的魅力标签

一个会谈话的人，他谈话的方式或清晰明了，或风趣幽默，或恰到好处。总之，总能让别人愿意听他讲，并且相信他所讲的，因而他不管与谁都能谈得来，都能成为朋友。这就是会谈话的魅力，这种魅力并不是天生的，是可以通过后天训练来不断加强的。

087 | CHAPTER 05
说好关键第一句，瞬间拉近心理距离

初次见面的第一句话，是留给对方的第一印象。说好第一句话，获得对方好感，下面的事情就好办了。这就需要我们提前做好准备，做到有的放矢，一句话让对方倾心和沉醉，开创一个融洽、热烈的交谈局面。情热而语妙，纵使萍水相逢，也会一见如故。

CHAPTER 06

103 | 践律蹈礼，给交谈注入高雅的格调

谈话不是简简单单的聊天，它既能考查出说话者的能力和水平，又能折射出说话者的人品和境界。因此，我们要勤记善想，践律蹈礼，揣摩寻味，高度重视对语言的把握和锤炼，给交谈注入高雅的格调。否则，学了一堆技巧，终究只是花架子，中看不中用。

CHAPTER 07

119 | 应时应景，说话看场面，沟通看场合

很多时候，我们以为口若悬河、滔滔不绝才是一种本事，殊不知说话不看场面，沟通不看场合，伤害到他人还不自知，结果。若想混得风生水起，就要根据不同的地点、不同的人物，说不同的话，让自己的话说得应情应景，所有的结局都会皆大欢喜。

141 | CHAPTER 08

三思后言，交谈有戒律，务必要牢记

讲话就像泼水，泼出去的水无法再收回，讲过的话也一样收不回，所以话说出口之前要三思，避开别人的痛处，开玩笑适可而止，话到嘴边收半句……总之，交谈有诸多戒律，不应当说的不说，才不会留下不当的后遗症，才能做到初见让人喜欢，长久不让人生厌。

159 | CHAPTER 09

回应恰如其分，维系良好交谈气氛

谈话本质上是一个交互式的行为，你来我去，你言我语。若只是一方兴致盎然、滔滔不绝，而对方寡言少语、无动于衷，这样往往会出现冷场的僵局。所以，互动是非常必要的。恰如其分地回应对方，是对别人的一种基本的尊重，更能维系良好的交谈气氛。

183 | **CHAPTER 10**
忠言不要逆耳，把难听话说得"委委"动听

常言道"良药苦口利于病，忠言逆耳利于行"，可是谈话太逆耳了，再是忠言也不利于行，有时还会导致不必要的麻烦，毕竟没人愿意听到不好听的话。对于会谈话的人而言，即使是"忠言"，最好也不要"逆耳"，他们会把难听话说得"委委"动听，就像"良药"裹上糖衣而不再"苦口"一样，效果反而会好得多。

201 | **CHAPTER 11**
敢说"不"，把"不"说得恰到好处

许多人不敢说"不"，因为拒绝别人必然增加对方心中的不快和失望，会影响彼此的感情，甚至反目成仇。说"不"如此之难，那我们到底应该怎么说出口？先承后转、用词委婉、美言在先等，这些都是既让对方知难而退，还能保持心情顺畅的谈话技巧。

219 | CHAPTER 12

高情商说服，利用"心理调适"掌控全局

兵法有云："攻心为上，攻城为下；心战为上，兵战为下。"一个真正的说服高手，并非舌灿莲花，而是高情商的攻心强者。他们擅长利用"心理调适"，把每一句话都浓缩成一颗原子弹，爆发出惊天动地的威力，打开对方心理防线的缺口，进而掌控全局。

CHAPTER 01

别傻了，
这是一个"谈话红利"时代

人生在世，无可避免地要与他人交往、沟通以及相处，只要有人的地方就需要谈话。最会说话的人，将左右逢源，如鱼得水；不会说话的人，将处处受限，寸步难行。在这样一个"谈话红利"时代，我们都需要敢说话、能说话、善说话，并使之牵引一切能力的发展。

□ 口才，创造财富与地位的"软黄金"

你知道吗？在这个世界上，把口才练好，是最划算的事。一个口才好的人，总是可以流利地表达出自己的意图。不仅如此，他往往只需三言两语，就使别人很乐意地接受，进而推动事情按照自己的意愿发展下去。只要运用得当，好口才可以解决任何问题，是创造财富与地位的"软黄金"。

好口才真的能够解决问题吗？对此，不少人心存质疑，他们认为：说话固然重要，却不是万能的，就像用金钱也会有无法买到的东西一样。

先不忙检验这种说法正确与否，我们来看一个故事：

苏瑞一心想学发艺，几经周折后，她花高价拜了一名省城最受欢迎的理发师为师。这名理发师是一名四十来岁的女人，虽然她的店铺不大，装修也比较普通，但是新老顾客不计其数。老板亲自教学，苏瑞认认真真学艺三个月，终于可以正式上岗。苏瑞很有信心，认为自己定然可以一鸣惊人。

这天，苏瑞认认真真地给第一位顾客理完发，自我感觉不错。谁知，顾客照了照镜子，一脸不满意地说："你会理发吗？头发留得太长了。"这一句话，让苏瑞不知所措，只能闷声不响。这时，老板在一旁笑着解释："头发长显得您更加文雅，一看就知道您是文化人。"顾客听罢，满意而去。

苏瑞又开始给第二位顾客理发，理完后，顾客照照镜子却说："头发剪得太短。"这跟给第一位顾客理的一样，苏瑞有心想辩解几句，但深知"顾客就是上帝"的道理，只能自认倒霉，遇上挑剔的顾客。老板闻言，笑着和顾客解释："头发短好，您仔细瞧瞧，您看上去更年轻、更精神了。"顾客听了，欣喜而去。

收拾起沮丧的心情，苏瑞又给第三位顾客理发。这次，顾客倒没有挑剔，只是边交钱边嘟囔："剪个头花这么长时间。"苏瑞一阵委屈，自己剪得那么细心，为什么顾客还是挑剔。这时，老板再次过来解围："您是我们最尊贵的客人，我们只想给你最好的服务，多花点时间很有必要。"顾客听罢，大笑而去。

汲取了前三次的经验，苏瑞快速给第四位顾客理完发。让她哭笑不得的是，理完后顾客说道："十来分钟就完事了，你到底有没有好好理。"苏瑞欲哭无泪，这时老板笑着答："时间就是金钱，对于您这样事业有成的人而言，更是如此。我们速战速决，也是为您赢得时间，去赚更大的钱。"顾客听了，欢笑告辞。

晚上下班，苏瑞不解地问老板："为什么每一个顾客都不满意？是不是我手艺还没有学到家？今天幸亏有您及时解围，否则我恐怕就要砸了您的招牌了。"

"不只是你，我也经常遭遇顾客的挑剔，只不过我善于化解这些问题罢了，"老板正色说道，"其中的关键就是会说话，会说顾客喜欢听的话。吉言谁都爱听，你把话说好了，所有顾客挑剔的问题，都能迎刃而解。对于我们来说，说话的艺术，丝毫不能比理发的技术差，你明白吗？"

这位女老板真是机智灵活，能说会道，她每一次得体的解说都使徒弟摆脱了尴尬，让顾客转怨为喜，高兴而去，有效地起到了缓和冲突和消除冲突的作用。很显然，这就是她能够留住顾客、受人欢迎的秘诀。

语言的力量不容小觑，借助这种力量，每个人都能打开走向成功的通道。

无须怀疑，我们不妨听听成功大师戴尔·卡耐基的告诫："一个人事业的成功，只有15%要靠他的专业技术，另外的85%要靠人际关系和处世技巧。"软与硬是相对而言的，专业的技术是硬本领，人际关系和处世技巧则是软本领。而在85%的软本领中，口才所占据的比重最大，可谓"软黄金"。

语言，是思想的载体，是交流的工具。如果把人际关系和处世技巧比作是一棵树，那么毫无疑问，口才就是树的根部，虽然不过分突出，但绝对致命。世界上那些最具影响力的人，他们之所以可以成功，都是因为成功掌握了那85%的软本领。换言之，他们都是真正意义上的口才高手。

接下来，我们再来看看戴尔·卡耐基的故事！

戴尔·卡耐基是美国著名的企业家、教育家和演讲口才艺术家，被誉为"成人教育之父"。他在纽约举办训练班时，租用的是一家大饭店的大礼堂。有一天，他忽然接到饭店方面的通知。对方告诉他，如果想继续租用大礼堂，就必须要付原来三倍的租金。租金忽然暴涨，让卡耐基很是纳闷，因为当时课程的入场券已经印好，而课程准备已经就绪，课程很快就要开始，想要更改也来不及了。他向饭店里的一个朋友打听此事，原来饭店经理为了赚取更多的钱，打算把场地租给别人举办舞会。

卡耐基随即前往饭店，他找到了饭店经理，他原本可以对经理进行指责，因为这显然是一种不讲信用的表现。但是他没有，而是用平静的语气对经理说："刚接到你们的通知时，我有点震惊。不过，这事并不怪你，假如我处于你现在的位置，或许我也会做出和你一样的决定。你是这家旅馆的经理，让饭店尽可能多的盈利是你的责任。不这样做，恐怕你经理的位子难以保住。不过，如果你执意要增加租金的话，那我就暂且以一个朋友的身份，和你来谈一谈这样做的利弊吧。"

"先说增长租金的好处，"卡耐基耐心地说，"旅店的大礼堂不租给我讲课用的话，就可以租给其他人举办舞会或晚会，这些活动的时间通常都比较短，他们能够一次性支付高额的租金，这样你们就能获得更高的利润，显然比租给我要合算得多。"但是，"卡耐基话锋一转，接着分析起了现状，"你增加了我的租金，事实上是降低了你的收入，因为这样高的租金并不是我能承担的。为了能够继续办培训班，我必然要去别的地方办班，你就失去了一个客户。此外，还有一件事不知道你是否注意到了，我的这个培训班的学员都是受过良好教育的中上层管理人员，而成千的学员到你的旅馆来，无疑会在中上流客户中提升你的知名度，即使你花费五千元在报纸上做广告也请不来这么多中上流社会人士来这里参观！你认为你损失的那点租金，不值这样的宣传效果吗？你认为我在这里办培训班，你会不合算吗？请你仔细考虑之后，再答复我吧。"

说完这些话，卡耐基就站起身离开了。最终，经理只收取原先约定的租金，让卡耐基继续在这里开班授课。

口才的好坏直接左右一生的成败，善言巧说者生意兴隆，左右逢源，心想事成；而那些拙嘴笨舌者则财路不畅，寸步难行，每况愈下。口才就是财富，口才成就事业。故辞不可不修，说不可不善。所以，善为说辞，有好口才，应当成为每一个想在生活和工作中取得成功的人努力实现的目标。

你说什么话，你在别人心里就是什么人

在"颜值即正义"的今天，越来越多的人开始注重自己的形象管理，希望留给他人一个良好的第一印象。然而，并不是所有人都意识到谈话这件事的重要性。没有意识到，谈话，不仅仅是情感的体现，工作的需求，社交的需要，更是展现我们思想、素质、风度的一种重要方式。

仔细想想，当你和一个人初识的时候，你脑子里对这个人的印象通常是怎么形成的？

面对一个陌生人，我们最直观看到的，当然是外表。外表讨喜的人，我们对他的第一感觉相对会好一些，态度也会亲近一些。但外表虽然可以奠定我们对一个人的第一感觉，却不能刻画我们对这个人的第一印象。第一印象通常是根据这个人的言谈举止来判断的，而这其中，语言显然是重中之重。

露露跟老公正在某一超市购物，露露在前面一边走一边选东西，老公在后面推着购物车。突然，老公推车撞痛了露露。露露暴怒地大吼，说"你这是要撞死我吗？"

听到这样的话，你觉得露露是怎样一个女人？

很明显，我们会认为露露是个性格急躁的女人。

露露如果说"哎呀，你真的撞痛我了啦"，很明显这是一个会撒娇的小女生；

露露如果开玩笑地说"你再撞一下我就散架了"，这是个幽默的女人。

由此可见，露露说什么样的话，决定了她在别人心里就是什么人。

也就是说，语言不仅仅是一种强而有力的沟通工具，更是一张个人形象的"活名片"。我们说的话，什么内容、哪种风格，直接体现了我们的个人形象和素养，塑造了我们的公众形象。我们用语言表达自己的思想内涵，而别人则通过我们的语言来判定我们是什么样的人，来确定对我们的第一印象。

你说话口无遮拦，你就是个粗鲁没礼貌的人；

你说话体贴周到，你就是个善良又温和的人；

你说话彬彬有礼，你就是个文雅有内涵的人；

……

刘威是一个事业有成的人，在一个饭局上他通过朋友结识了一位男子，这个人热情又健谈，兴致勃勃地向这个敬酒，向那个敬酒，并说自己认识某某局局长、某某市市长。此外他还讲了几个笑话，把整个饭桌上的气氛搞得十分火热。可有趣的是，在这次饭局结束之后，除了那位与他相识的同事之外，大部分人对这个男子的印象都不好，归结起来就是觉得这人爱出风头，爱显摆，不太靠谱。

为什么得出这样的结论呢？对此，刘威解释说："这都是从那些言语中了解到了，他一再提到某局局长、某某市市长，很显然就是为了显摆自己认识很多牛人。他这儿敬酒，那儿敬酒，不停地讲笑话，还把话头都接了过去，显然此人爱出风头。和这样的人做生意的话，实在有些不靠谱。"

"祸从口出"说的就是这道理，你讲的是段子，别人听的是你。

所以，你一定要重视语言的掌控力，并且重视你所说出口的每一句话，以及你拿来作为谈资的每一个故事。你讲的或许随意，但别人听的可未必随意。你在别人眼前建立起的形象，以及你在别人心中的分数，正是通过这一场场的谈话所决定的。语言，或许是成功的钥匙，或许就是失败的祸根。

卡耐基口才学里说过这样一段话："尽力培养出一种能力，让别人能够看到你的脑海和心灵。学着在个人面前，在人群当中，在大众之前清晰地表达自己的思想和意念给别人。在你这样努力去做而不断进步时，就会发觉，你真正的自我，正在人们心中塑造一种前所未有的形象，产生前所未有的震击。"

会谈话是一门技术活，需要储备知识，肚中有料，更需要不断练习，不断加以改进。你以为你平时说话随随便便，一到正式场合就能超常发挥，说出一番动人的话来吗？

汪涵是湖南卫视著名节目主持人，他在《我是歌手》第三季总决赛"歌王之夜"上的表现，相信大家都有所了解。第二轮歌手名次公布前，一名歌手突然宣布退赛，这个节目属于现场直播，当时全体工作人员都是一脸懵，就连导演都不知所措，而汪涵却临危不乱，用三分钟即兴串词紧急救场。

救场如救火，汪涵让整个现场活了过来，最终节目顺利继续进行，他的表现收获无数观众们的点赞，也从汪涵说的话，处理事情的方式中看出他是个怎样的人。

他的话语有条不紊，不慌不乱，足以看出他的心理素质好，而这没有深厚主持功底和丰富的舞台经验是做不到的。

他必定读过很多书，否则不能出口成章，更无法讲话有趣。

他的个人涵养必定很高，他尊重歌手临时做出的决定，虽然这个决定打乱了比赛规则，让节目无法按照预期进行下去。

你看，短短的三分钟，可以看出多少细节？而这一切是凭空出现的吗？

不妨看看汪涵的个人经历吧，进入湖南卫视早期，汪涵只是电视台的临时工，每月的薪水很低，但他什么活都愿意干，抢着干，场工、杂务、灯光、音控、摄影、现场导演样样涉足，他没有学过任何摄像技术，却抢着替外景记者扛笨重的摄像器材，就是为了多跟前辈学习。同时，他在家中专门开辟了一个小书房，取名"六悦斋"，"六悦"即书能满足六根的愉悦感。只要有时间他就坐在书房读书，几乎每年都能看几十本书，足够的经历和知识，才让他最终厚积薄发。

世界是不公平的，好在有些事情依靠努力就能改变，谈话就算一个。

我们是不完美的，好在可以借助学习逐步提升自己，谈话就算一个。

从今天起，好好谈话吧。为了向众人表明自己，到底是个什么样的人。

不敢讲话，机遇咫尺，你在天涯

王淼在一家公司的事业部待了 3 年，虽已是业务骨干，但很难有机会负责整个项目，因为他平时总是不善言辞。

公司开会时，王淼总是坐在最不起眼的位置，也很少发表意见，"有时看见同事和领导讨论工作，我也很羡慕。我也有不错的建议，但一看见公司领导，我忽然说不出话来，仿佛所有的东西都卡在了嗓子眼儿里。"

工作之余，同事们一簇簇、一帮帮的交谈甚欢，看着别人你一言我一语，王淼也想参与进去，但会突然意识到："不，我的话没有分量，大家怎么会听！算了，不说就是了。"最终，他憋红了脸都没有说出一句自己想说的话。

在若干个需要表达的场合，王淼选择了少说话，以沉默的策略来应对。时间久了，大家都认为王淼是个"无法张开嘴表达自己"的人，也没有自己的想法，出现了新的问题很少问他的建议，有什么活动也比较少邀请他参加。更糟糕的是，就连老板也习惯性地淡忘王淼，这样的处境让王淼非常难受，"为什么我的努力别人看不见？我不就是不善于说话吗？为什么大家都不重视我。"

在社交场合中一开始说话，心里会有一种有话说不出来的压抑感；

明明有很多想法和意见，但关键时刻脑子一片空白，表达不出来或者不敢表达；

特别渴望与人交流，也知道与人交流是好事情，但就是容易陷入紧张焦虑；

……

扪心自问，你是否正在遭遇这样的折磨？

这可能与你的性格有关，可能来自你的经历，这些无关紧要。现在，你必须要及早地认识到，缺乏当众表达自己的勇气，不敢也不愿在人前讲话，这样一来，即便你再怎么优秀，能力再出众，想法再独特，他人也无法注意到你，如此好机会也不会落到你头上，到头来你只能默默无闻。

我们常说"是金子总会发光"，但现在是一个"谈话红利"时代，你不可避免地要与各种各样的人打交道，需要和重要人物交谈，在公众场合发表你的观点，出现在谈判、酒会、晚宴等各种社交场所。只有主动说话，只有敢于说话，才会有人搭理你，才会有人了解你，你才会有更多的机会。

萨顿是一家保险公司的销售冠军，这个名号持续了十几年。有人问萨顿是如何销售保险的时候，他说在大学的时候，他和全校几乎所有的人都说过话。

别人很纳闷："这跟保险有什么关系？"

萨顿回答说："我一上大学就立下一个目标，那就是成为一名校园领袖。为此，我总是注视着向我走来的每一位同学，并主动和他说话。如果我认识他，我就会叫着他的名字。即使我不认识他，我仍会和他说话。就这样，我在大学里认识的学生比任何人都多。当然，他们也认识我，并乐意支持我。"

"大学毕业后参加工作，我一直用这种方法做保险。"萨顿继续解释道，"和在大学时一样，我与人行道上遇到的每一个人说话，不断地主动出击，不断地拜访他们。当我把自己推出去的时候，也就有更多的人知道了我是干什么的，这样当他们想投保的时候，自然就会想到我，我的业绩也就提上去了。"

萨姆的巨大成功，就在于他能主动地与人交流和沟通。

人与人之间交流思想，最有效的途径就是语言，敢于讲话才有机会。所以无论是在职场，在人际，还是陌生的环境中，自信大方地与别人交流，大胆发表自己的看法。使别人能认识你，了解你，接纳你，支持你。这样的话，你就会成为一个处处受欢迎的人，获得种种机遇的契机也会大大增加。

想要让自己敢于讲话，最直接的方法就是无须再等，主动主动再主动，这其实比任何谈话技巧都重要。这种胆量不会与生俱来，也不会从天而降，而是需要不断练习和磨炼。

要重视平时的点滴积累

我们每天都要见人，都要说话，试着与他人闲聊、寒暄、攀谈，说话的次数多了，自然就形成了习惯，胆怯就会逐渐消失。

例如，身为父母，你可以利用睡前时间给子女讲一讲睡前故事，如果你能清楚地讲一个故事再好不过，认认真真去讲即可。如果不能，那就去找一本儿童文学看看，再来训练，并融合一些有用的趣味知识讲给孩子听，使其变得有趣而想听，那么你的谈话能力就会逐渐取得明显的进步。

抓住每一次当众说话的机会

寻找每一个当众说话的机会，多多加以训练，不但可以提高你的自信心，而且语言会变得更有条理性和逻辑性。如何做到这一点呢？抓住主动说话的机会，不要浪费任何一次当众开口的机会。比如，在单位会议上，你要勇敢地发表自己的观点和意见等；在同学聚会上，要勇于站出来表达内心的想法或是抒发内心的情感。即使是几个朋友闲聊，也要寻找自己当众讲话的机会。

即便开始时比较艰难，在多次尝试之后也会熟能生巧，不管前面讲得好不好，初步先成为健谈者。时间久了，我们的被动习惯就会逐渐消失，而且也能锻炼自身谈话能力，之后在任何场合都能积极主动地当众讲话。相信，总有一天你会惊异于自己的进步，发现机遇的天平倾斜向你。

💬 谈话为王，人脉都是聊出来的

人活在世上，就是与人打交道的，需要随时处理好与他人的关系。而一个人能否成功也往往由他这个人的沟通能力决定。现在社会里，只要有人的地方就需要对话，随处可见的交流谈话、寒暄问好、商品买卖、商贸谈判、政治交往等各种形式的语言交流，虽然表现形式不同，但都是谈话。

仔细观察，你会发现，那些真正的成功者不一定拥有高人一等的出身、显赫的社会地位、优越的家庭条件或是坚不可摧的信念，他们的主要魅力在于"会与人谈话"，他们都有一个共通之处，那就是都懂得利用良好的谈话能力拉近距离、打入圈子，想认识谁就认识谁，到哪都受欢迎。

1921年，有着美国"钢铁大王"之称的安德鲁·卡耐基付出了那个时代令人咂舌的一百万美元的年薪，聘请夏布林·谢斯特为企业高管。一百万美元年薪在20世纪20年代有如天文数字一般，因此，此消息一经传出，震惊整个欧美。究竟谢斯特有什么惊人的本事能让卡耐基付出如此惊人的年薪呢？

卡耐基在接受记者采访时说："谢斯特懂得怎么说话，值得我付出一百万美金。"

在场的记者听得目瞪口呆，很多听到卡耐基如此说的人也觉得不可思议！付出疯狂的一百万美元的年薪仅仅是因为"谢斯特懂得怎么说话"。

其实，卡耐基所说的"说话"不是普通意义的语言能力，而是高超的沟通技巧。沟通能够起到融洽感情、消除误会、避免冲突、促进合作的作用。只有学会与人沟通，才能有与人进一步交往的机会，才有机会把陌生人变为朋友，把一般朋友发展成莫逆之交，把生意场上的对手变成伙伴。

卡耐基深知提高企业工作效率既靠优秀的管理机制，也依赖员工的工作热情，而且管理机制只是客观因素，员工的热情才是主观因素。而要激发员工的热情必须靠沟通，也只有靠沟通。谢斯特善于沟通，能够有效激发和团结这些员工，那他就是宝藏，就值得卡耐基付出天价的年薪。

　　谈话是一种沟通，"沟"是方法，"通"就是目的。学会沟通，让你在任何时间、任何地点、面对任何人，都能掌控主导权，实现你的任何目的。

　　哈维是一位年轻的车险推销员，他工作十分努力，每天都早出晚归，但总是达不到理想的效果。因为他出生于一个不太富裕的工薪家庭，认识的人太少了，身边的朋友也不多，所以找他买保险的人少得可怜。而面对陌生的客户时，布鲁斯又不知道到底如何才能让他们接受并认可自己所卖的保险。更不幸的是他的母亲过世了，家境陷入了艰难境地，他急切想找到一条成功捷径。

　　怎么办？哈维苦思冥想，当他听说明市里有一个拓展人际关系的学习班，他立即报名参与。通过学习他才发现，原来自己最大的问题是根本不知道该如何去与他人沟通。为了改变这个现状，哈维暗暗地以全公司业绩最好的米罗为榜样，开始有意识地去与米罗进行沟通，并且与他建立了很好的私人关系。

　　与此同时，哈维开始有意识地去与自己碰面的每一个进行沟通，每天他都随身带着自己的名片，只要发现目标，他的手就会立刻习惯性地伸进口袋里，然后有礼貌地掏出名片，送给对方，友好地说："嗨你好，请多多关照。"有人这样描述哈维："他几乎总是穿着同样的打扮，非常简朴和不同凡响的黑色。当他一出现，他总是会热情地和你谈话，就像是老朋友见面一样亲切……"

　　哈维热情地和每一个人谈话，"嘿！听说你女儿功课特棒，她一定跟你一样聪明。""我看见过你老公在门口等你，他真是体贴呢，而且又高又帅！"……没过多久，哈维就先后结交了一位企业经理，一位高级策划，并让更多的人喜欢和自己在一起，成了自己的意向客户和潜在客户。

三个月之后，哈维成了米罗最有竞争力的车险销售高手了。

良好的谈话能力让一个原本业绩平平的车险推销员认识了越来越多的人，打通了一条通往成功之路的捷径，如此良性的循环，可以让所有事情都按照自己的想法向前推进。

善于谈话的人，往往更有人缘，不管到哪里，都能迅速赢得别人的好感，更能左右逢源、如鱼得水。哪怕不能因此获利，至少也能避免树敌。

明白了这些，你就赶快开始吧。不管你从事什么工作，无论你处在职业的哪个阶段，学会沟通是宜早不宜迟的事。通过简单的谈话，充分展示出自己的各个方面，增加别人对你的好感度，你会发现，你与他人的一切交际都将变得简单，每一步都有可能寻找到机会，机遇将源源不断向你涌来。

可能性的谈话会激发无穷的创造力

谁都希望自己的人生惊喜不断，但你知道如何给自己带来惊喜吗？

这里有一个屡试不爽的好方法：多和他人谈话吧！

谈话本身是信息和情感的交流，是一个心态开放、思想解放、能量积聚、智慧绽放的过程。寻求可能性的谈话，往往可以激发出无穷的创造力。

你是否有过这样的经历：当遇到困难时，自己一个人想破了头也想不出解决的方法。与别人一句不经意的谈话，可能会增加你的阅历，拓宽你的眼界，活跃你的思维，就会让你有突然灵光一闪的时刻，"有了！""有办法了！""你刚才那句话提醒我了，太好了！"进而带给你意外的收益。

当我们独自研究一个问题时，可能思考了五次，还是同一个思考模式。而与别人交谈下，收集对方传递的信息，迅速兼容整合，在此基础上使自己产生新的联想，也许就可以完成自己五次才完成的思考，进而把头脑中原本"1+1=2"的模式升级为"1+1 ≥ 2"模式，这就是"头脑风暴"的妙处。

这，不也是我们所需要的吗？！

剑桥大学的生物学家莫尔斯·威尔金森和弗朗西斯科·克拉克是多年好友，虽然不在一个科研室，但都在探究 DNA 结构的秘密，所以尽管两人经常见面，一起用餐，但因为有所避讳相互间不会提及研究课题。后来，克拉克的课题搭档因故离开了，本德·沃森抱着对 DNA 相同的好奇加入进来，两人虽然在性格上迥异，相比于克里克的外向，沃森属于内敛型，但他们经常一起交流，关系十分融洽。此后，沃森、克拉克、威尔金森三人便一同去咖啡厅小坐，聊聊家常。

威尔金森和搭档富兰克林在课题研究上有所分歧，但两人都没有积极寻求解决之道，一碰上歧异就相互回避，郁闷不已的威尔金森在同克拉克和沃森闲聊时，就越来越多地将实验室的"机密"透露给两人。

克拉克和沃森意识到威尔金森透露出的"机密"有着巨大

价值，回到实验室，两人一边研究一边争论，就是这样的争论最终激发了他们的创造力，直至他们解开了 DNA 之谜。

在破解 DNA 秘密的实验中，威尔金森本是走在前面的，他和搭档掌握了重要的实验数据，却因为彼此的不交流，最终将解开 DNA 构造的机会拱手让给了别人。

每一个人的智慧和才能都是有限的，谈话性的交流则是内化、借鉴、更新的过程，就能以群体智慧来解决问题、探讨工作，最终达到双赢的效果。

不仅个人需要如此，企业亦是如此。而且企业涉及的方面更加广泛，同事之间、上下级之间，部门之间，需要共同处理的问题更多，时时刻刻需要保持谈话。当所有人都能够互通有无、优势互补，成功的机会就愈大。

通用电气公司的产品种类繁多，自 1878 年创立后发展迅速，一度是世界上最大的电气设备制造企业。但到了 1980 年企业发展却到了山穷水尽，难以维持的境地。在这个危急关口，年仅 44 岁，出身于一个火车司机家庭的杰克·韦尔奇上任为董事长和总裁。上任后，杰克·韦尔奇进行了一系列改革，其中最重要的一条就是宣布——"通用电气公司是一家没有界限的企业，每一位员工要毫无保留地发表自己的意见和建议。"为了实践这种"集思广益"的企业文化，讨论会成了通用电气公司一种日常性的活动，随时都可以根据需要举行，参与人员也从员工扩大到顾客、用户和供应商。而且，平时在工作中很少有机会接触的不同岗位、不同阶层的职员，在这些会场很快针对某些问题研究提出了不同的建议和要求，又当场在可供选择的方案中进行利弊比较，选择最优方案来加以实施。

对此，杰克·韦尔奇说："通用制作发动机、电影，生产医疗设备，制造塑料产品等产品，大家想一想，在这么多的领域，如果让我来告诉大家怎么做发动机，怎么做塑料产品，怎么制作电影，做出来的产品一定特别滥，所以这些产品卖不动了。也因为此，我一定要用集思广益来促进新思想和创造力的出现，事实会证明这一策略很奏效。"果然，"集思广益"的讨论会让员工广泛参与管理，他们感到自己的观点开始备受重视了，智慧的火花不断地迸发，带来了明显的工作效益。也正是这种"集思广益"的活动，推动着企业的高层管理者必须更多地去放权，更多地去行动，更多地去听取意见。他们必须信任别人，也必须被别人所信任。虽然这并不十分容易，但很快，通用电气公司便走出了困局，总产值占美国电工行业全部产值的 1/4 左右。

集中众人的智慧，遍采众人的长处，可能性的谈话会激发无穷的创造力。

切记，要达到这一点，重要的不是谈话的次数，也绝不是简单的和对方打个招呼，走走过场，而是要以一种开放的心态去和别人深入地交谈，在双方开诚布公的交流中具备捕捉开拓性、创造力的思维激情。

💬 会说话有时比会做事更重要

知名节目《奇葩说》中的"辩论之神"黄执中说："人生

的困扰，说到底，十之八九，问题都出在人际关系。而人际关系的困扰，说到底，十之八九，都是因为沟通出了问题。"

先做人，再做事，这是许多人正在遵循的法则。会做事固然重要，但是在学会办事之前，我们更要先学说话。

说话是人与人之间最基本的交流方式，也是人与人建立感情的重要环节。仔细观察你就会发现，不会说话的人，即便做事很努力，付出很多，也常常得不到别人的好评，做了十分，或许也只能收到一分的回报。而会说话的人，总是轻易就能赢得别人的好感，哪怕只做一分，往往也能换来别人十分的认可。

安盛在一家产品公司从事设计工作，他在工作上一直很勤奋，从来都是第一个到公司，最后一个离开公司，每天忙碌又疲惫。但奇怪的是公司提拔主管时，安盛却败给了设计能力不如自己的小高。为此，安盛直接找到领导："我比小高设计能力好，工作量也大，凭什么提拔了他，却不提拔我？"

勤奋努力的人为什么得不到晋升？

对此，领导给出的解释是："你工作能力很好，但平时言语不多，只知道闷头做事，对于和上级交流这种事能躲多远就躲多远。即便让你当上主管，你也管不好手下的员工，因为你不擅长交流。而小高却伶牙俐齿，喜欢和别人交流，在部门里面特别吃得开，这样的人才适合带领一个团队。"

能做会说马到成功，只做不说事事成空。这或许看起来有些不公平，但一个人的成功，专业技能和沟通能力同样重要。一个只会闷头做事的人，创造的价值远远低于一个和睦的团队，而团队的和睦来源于交流，会说话，自然也会提高工作效率了。所以，很多会说话的人升职加薪明显比一般人快。

会说话比会做事更重要，这是千真万确的。

事业的成功和失败，往往决定于某一次的谈话。会说话，事情就成功了一半，这绝不是极度夸张的说辞。

在这一点上，一则故事能很好地说明：

卡连·韦伯是美国费城电力公司的推销员，他的业务内容是向费城郊区的农场主推销公司新研发的农场新式采光设备。由于是新产品，价格也不便宜，所以推销工作很是艰辛。但经过韦伯不断地讲解和劝说，不少农场主已经购买了，但远郊的一个老妇人是比较棘手的客户，之前很多同事前来拜访，但每一次都被谢绝。怎么办呢？最后，公司决定派出卡连·韦伯再尝试一次。

这天韦伯来到这家农场，这位老妇人得知他是电力公司的推销员之后，便"砰"的一声把门关上了，然后隔着门缝警惕地怒视着韦伯。韦伯走上前，笑着说道："尊敬的太太，请您等一下。很抱歉，打扰您了！我知道您对我们的产品不感兴趣，我这次登门不是来推销的，而是来向您买一些鸡蛋。"

听韦伯这么说，老妇人的态度比以前温和了许多，但仍然用警惕的眼光盯着韦伯，问道："为什么大老远的来我这里购买鸡蛋？"

韦伯不慌不忙地回答："您家的鸡长得真好，看它们的羽毛长得多漂亮。这些鸡大概是德国名种吧！您能不能卖我一些鸡蛋呢？"

听韦伯说完，老妇人从门里走出来。

此时韦伯十分清楚自己的计划已经初见成效了，于是更加诚恳而恭敬地说："我埔听同事们说，您一直在用小米、青菜等喂养鸡，便回家和太太提起。太太觉得吃天然饲料的鸡下的蛋更好吃、更有营养，我只好跑到您这里来买……"

老妇人顿时眉开眼笑，将韦伯迎进鸡舍。老妇人介绍养鸡方面的经验，韦伯听得很认真。

简单聊了几句后，韦伯问道："据我所说，用自己配的天然饲料喂鸡，不如喂成品饲料的长得快，下蛋量也少，这样您岂不是很吃亏？"

老妇人叹了一口气，"成品饲料营养不高，鸡蛋的质量也不好。我想做点良心生意，虽然我的鸡蛋产量低，但个个都很有营养。"

"做生意当然要讲良心，"韦伯紧接着说道，"其实用天然饲料喂鸡，也能实现高产量。这样的话，您又能做良心生意，又能挣到更多的钱。"

此时，老妇人对韦伯最初的反感已荡然无存，追问："真的吗？怎么做？"

这时，韦伯告诉老妇人："鸡舍如果能够安装新式的采光设备，让鸡多晒一晒太阳，就可以增快发育，提高产蛋量了。"

接下来，韦伯针对养鸡用电需要详细地予以说明，老妇人也听得很认真。

两星期后，韦伯收到了老妇人的用电申请。

你们看，美国费城电力公司的韦伯巧言生花，使一个拒众人于千里之外的老太太，十分高兴地与之达成合作意向，顺利完成了推销用电的任务。

尚未成功的人跟成功的人区别往往在于：成功的人比较会说话而已。

既然如此，为什么不想办法把说话变成一种助力，管好自己的嘴，提高说话的能力，来帮助我们助推事业，改变命运呢？

CHAPTER 02

天天说话，
不见得你就会谈话

人人都会说话，说话是最简单的事情，也是最复杂的事情。不少人常常因为讲话不得法而惹人生气，让人误解，造成尴尬，产生纠纷，甚至错失机遇等。说话不是简单地张张嘴和动动舌头，通过说话获得好感、获取信任，或者解决问题，这才叫真正的会谈话。

💬 说话，并不像你想的那么容易

"你会说话吗？"

如果有人这样问你，你一定觉得很可笑，"说话这么简单的事，谁不会？"

至今，不少人已经意识到说话的力量并尝试通过说话与人沟通问题，与人交流意见等，但遗憾的是，实际生活中确实有不会说话的人。这些人掌握不了说话的要领，经常会出现各种各样的问题，不但没有达到当初说话的目的，还会产生新的误解，甚至有人抱怨说话简直是骗人的东西。

为什么会发生这种现象？——没有其他理由，不了解谈话的本质是关键。谈话是什么？是清楚的表达自己的想法和准确的听明白别人想表达的意思。要与他人谈话，首要该注意的就是表达的清晰度，语言表达一定要准确到位。说不准确，说不到位，别人悟不明白，甚至产生歧义，这就是失败谈话。

曾见过一则笑话，一个卖锤子的和一个卖鸡蛋的打赌。

卖锤子的说："用铁锤锤蛋锤不破。"

卖鸡蛋的说："锤得破！"

卖锤子的说："锤不破！"

卖鸡蛋的拿来一个鸡蛋，用锤子使劲打下去，鸡蛋破了，说："这不是破了吗？"

卖锤子的说："鸡蛋是破了，可我说的是锤不破！"说着他指指铁锤。

很显然，"锤不破"是语法关系不同的歧义词组，"用铁锤锤蛋锤不破"这句话，在卖锤子看来，第二个"锤"是动词，第三个"锤"是名词，他的意思是锤鸡蛋时锤子锤不破，所以才会发生"锤得破"与"锤不破"的笑话。中华汉字博大精深，丰富多样，所以说话并不像你想的那么容易。

要避免这种情况的发生，说话时就需要注意遣词造句，准确表达，避免歧义。劳伦斯·格尔达是瑞士著名演讲家，已为大学生和公众演讲了近五十年。他在总结自己的演讲经验时，这样说："永远不要低估表达的难度，即便你要讲的只是1+1=2这样简单的事情，也要竭尽全力地表达清楚。"

尤其是当代社会，几乎所有的工作都需要与人合作，一些不太准确的话语，在一级一级传达过程中，被误解的几率会非常大。就如同我们常玩的一种传话游戏，第一个人说了一句话，中间经过很多人口口相传，等传到最后一个人时，已经面目全非了，甚至完全不是第一个人所说的意思了。

所以，说话时一定要准确表达，决不可有丝毫偏差。

有人会问，我也知道准确表达的重要性，但如何做才能做到准确表达呢？

要具体，不要抽象

语言具有具体的性质，它所陈述的往往是客观存在的事物，事物是实实在在的，可以感知的。所以，具体化的语言，比修辞和逻辑都更重要。

尼亚加拉大瀑布水量惊人，每天所浪费的潜在能量也极为惊人。如果让你给别人具体讲述尼亚加拉大瀑布的损失，你会怎样说？难道仅仅说上面的一句吗？这是多么平淡无奇，别人对你所讲述的事情根本没有概念，也不会产生任何共鸣。

来看看来自美国有着 20 年主持经验的埃德温·洛森是如何讲述的：

"我们都知道，美国境内有几百万人因为贫困挣扎在死亡线上。然而，尼亚加拉大瀑布却在无休止的浪费着：它平均每小时要白白浪费掉 30 万个味道各异的面包；每小时有 80 万个新鲜的鸡蛋从悬崖上被抛下去，在漩涡中制成一个大大的蛋糕；它是一台 1300 米宽的超级织布机，但所织出来的巨幅印花布匹都顺着水流飘走了；我们还可以想象，每天有一家大型百货公司被它带到了湖底……"

我们看看埃德温动用了那些图画般的词汇：30 万个味道各异的面包、80 万个新鲜鸡蛋从悬崖上被抛下去、漩涡中有个巨大的蛋糕、1300 米宽的织布机、巨幅的印花布匹、一家被卷进湖底的大型百货公司……这些词汇穿梭与每一个句子中，听者自然会想象出一副栩栩如生的画面。

记住，抽象不适合谈话之中，我们最好用形象具体、耳熟能详的语言来表达，重要的是让别人能够在最短的时间内真正地理解，这样的谈话才是最高效的。

要明确，不要笼统

谈话时一定要明确表达，决不可有丝毫偏差。如果语言过于空泛笼统，即说话者没有说出实情或表达不够清晰或没有给出足够的信息，听者产生歧义就不足为奇了。

举一个例子，如果你这样说："有些专业人士的年收入非常惊人！"这句话是否能使听者清楚明了地知道你的意图呢？答案是否定的。

专业人士指的是哪一类群体？"非常惊人"到何种地步？这样笼统的表述往往会被不同的人做出不同的理解。例如：在山村种地的农民会将高收入理解为有某项专业技能的年收入两万元的技工；而城里的工人会将高收入理解为年收入几十万的外企金领；而外企金领会将高收入理解为年收入上千万的私企老总。所以，"有些专业人士的收入是非常惊人"这句话是非常模糊和不确定的，很难给人一个清楚的界定方向。

如果你做进一步的说明，这样说："律师这个行业的年收入非常惊人，连美国总统都无法比拟。比如大律师塞缪尔·麦耶特和劳斯·蒂沃尼的年收入都达到了百万美元！"显然，这句话比上一句话更准确，听者能清楚地知道你所阐述的意思，即便是社会地位和生活阅历不同的人也不容易产生歧义。

再看一句话："老刘这个人很有力气，特别有力气！"

以上只是一个概括性说明，听者并不能清楚地知道老刘到底有多大力气？

要是这样说："老刘力量真是大，举起一头二百斤的猪都不在话下。"

这样，你该知道老刘有多大力气了。

以上是很多人都需要培养的说话习惯——把抽象变具体，

把笼统变明确。不管你以后要做什么演讲或讲话之类的，都可以按照这个思路展开去讲，一定是可以使你的表达更准确，显出高水平。

话说得多，不如话说得好

口能吐玫瑰，也能吐蒺藜。真正伤害人心的不是刀子，而是比它们更厉害的东西——语言。古人有言："与人善言，暖于布帛；伤人之言，深于矛戟。"这句话的意思是对人说好话，会使人感觉比穿了棉衣还温暖；对人说不好听的话，比用长矛伤害别人还要厉害，就是在提醒后人多说好听受用的话。

与人打交道，我们也常常会有这样的感慨：这个人真会说话，听着舒服，让人如沐春风；那个人说话怎么那么难听，听了让人痛苦难受，甚至记恨多年。

临近毕业，马斌准备去一家 500 强企业面试，面试前几天他做了三个梦，第一个梦是梦到自己在墙上种白菜；第二个梦是下雨天，他披着雨披还打着伞；第三个梦里，他梦到跟暗恋的女孩躺在一起，但是背靠着背。马斌觉得这三个梦似乎有些深意，便告诉了舍友们，让他们帮助自己分析下。

一位舍友一听，连拍大腿说："你还是别去面试了，这次肯定过不了。你想想，高墙上种菜不是白费劲吗？披着雨披还打伞，不是多此一举吗？跟暗恋的女孩躺在一张床上了，却背靠背，不是没戏吗？"

马斌一听，顿时有些懊恼，变得心灰意冷。

这时，另一个舍友说："我倒觉得，你这次一定要去试一试。你想想，墙上种菜不是高种吗？披着雨披还打伞，不是说明你这次有备无患吗？跟暗恋的女孩背靠背躺在床上，不是说明你翻身的时候就要到了吗？"

马斌一听乐了，于是精神振奋地参加面试，最终被成功录取。

同样的三个梦，两个舍友却有不同的解析，当然带给当事人的感受也不尽相同，这正是"良言一句三冬暖，恶语伤人六月寒。"

作为人与人之间交流传递的介质，语言对人的感受和情绪会造成直接的影响。所以，我们一定要懂得管好自己的嘴巴，东西可以乱吃，但话却是万万不能乱说的，一定要牢记："话多不如话少，话少不如话好。"如果懂得在适时的时候说些中听的话，那么相信这场聊天一定会非常愉快。

所有语言中，最让人舒畅的是赞美。

一走进商场或店铺，我们经常听到大部分的商家在介绍商品时也会赞美客人，见了女人就会说"漂亮"、"有气质"，见了男人就是"好帅"、"有魅力"，诸如此类的话虽然没有什么区别，但再挑剔的女人也会痛快付款，再小气的男子也会大方起来。结果是，赞美听得越多，钱包瘪得越快。

女人最喜欢什么？赞美；男人最喜欢什么？赞美；是人就喜欢赞美，这是人性。试想一下，当你处于被夸赞的立场时就能理解这种感受了。当听到别人说自己的好话时，你绝不会感到厌恶，而是脸上禁不住微笑，就算再内向、再腼腆的人也会在心里沾沾自喜，除非对方说得太离谱了。

于婷是一位化妆品公司的女老板，虽然她貌不惊人，才不出众，言语不多，却有着异乎寻常的吸引力，周围的许多朋友都喜欢和她在一起聊天。更神奇的是，这个行业里最优秀的顶尖人才都聚集在她麾下，而且任凭别的公司高薪挖墙脚都挖不走。

许多人对此不解，就问于婷有何管理人才的秘诀？于婷淡然一笑，回答道："其实，我根本就没有什么秘诀，如果非说有的话，那就是我愿意真心诚意地赞美我的员工。"

"听听我的故事吧"，于婷继续说道，"刚毕业找工作时，我到一家化妆品公司应聘导购。经过三轮应试，只剩下包括我在内的 5 人进入最后决赛，当时每个人发挥都很出色，最后我应聘成功了。知道为什么吗？因为当竞争对手演讲至精彩之处时，我总是情不自禁地为其鼓掌，低声说一句'说的真好''她的表现真棒'，这一无意间的举动被主考官看到了，对方毫不犹豫地留下了我。"

赞美他人所带来的好处，让于婷始料不及。在以后的工作中，她更是秉承这种作风，即使升职为经理后，当下属通过自己不懈地努力取得好成绩时，于婷总是能够第一个为她们送上自己的赞美，"你真是才智过人""你让我们大家刮目相看"……就这样，大家都乐意在她手下工作，并且更加的奋发进取。

无须怀疑，带有赞美的话语，是对人们的某种行为给予的肯定和奖赏，对彼此的关系会起到一个润滑和滋润的作用，能增加彼此之间的感情，能拉近彼此之间的关系，能让彼此相处得轻松舒服。用心理学的术语来说，这就是一种正强化，是一种促使某种行为得以巩固、保持和发展的心理冲动。

话还是尽量拣好的说，毕竟好话人人都爱听。为此，我们需要注意以下两点。

说好话一定要有事实依据

尽管人人都喜欢听好话，但如果赞美得不符事实，言过其实，让人感觉受到愚弄，这样就适得其反了。比如，对一个相貌平平的女孩，为了跟她套近乎，你说她美如天仙；对一个不懂专业的人，为了让他多做事情，你说他是个天才，对方显然不会高兴。同时也会显得你是一个口是心非、虚伪的人。

所以，说好话的时候一定要有事实依据，这个点一定是值得赞美的。比如，对于经商的人，可以称赞他头脑灵活、生财有道；对于知识分子，可称赞他知识渊博、宁静淡泊；对于年长者，可以称赞他成熟稳重、富有阅历；对于年轻人，可以称赞他神采飞扬、活力四射，赞美他前途无量……

好话要与当时的情景融合

说好话是人际关系中一种良好的互动，要恰当地和当时的情景融合在一起，以一种自然而然的方式表达出来。不需要你绞尽脑汁，处心积虑，也不需要你赔尽小心，要从心而发出真诚的情感，语言要简要、流利、顺畅，语调要热忱生动，不可像背讲稿，最好伴有笑容和适当的动作，这样更有气氛。

学会多说好听的话之后，你会发现，好多以前难办的事变得好办了；好多以前难相处的人变得亲切了；好多以前复杂的关系变得简单了。

同样一句话，不同的表达，结果大不同

语言是个很奇妙的东西，一句说人笑，一句说人闹。一句能上天，一句能入地。即便是同样一句话，换一种表达方式，意义就大不同了。

清朝时期，太平天国起义席卷了半个中国。曾国藩以一介书生临危受命，回乡办团练，同太平军打仗。可在物资缺乏、人力不足的情况，曾国藩率领湘军总是打一仗败一仗，特别是在鄱阳湖口一役中，湘军几乎全军覆没。曾国藩倍感耻辱，心情沮丧，上书朝廷，其中有一句"臣屡战屡败，请求处罚。"

当时有个幕僚建议曾国藩把"屡战屡败"改为"屡败屡战"。这一改，皇上不仅没有责备曾国藩屡打败仗，反而还犒赏了他。

同样一件事同样一句话，如果按照"屡战屡败"上报皇帝，皇帝难免要给曾国藩脸色看看，毕竟哪有常败将军不受罚的。换成"屡败屡战"上报就不一样了，"屡败屡战"强调曾国藩有不屈不挠、奋勇作战的勇气和决心，对皇帝和朝廷忠心耿耿，如此虽败犹荣，应该受到一定的奖励。

汉语是世界最复杂的语言之一，语序的变化丰富多彩，同样的一种观点就会有多种表达方法。生活中总会碰到有些人说话不招人喜欢，说出来的话让人不是很好接受，同样一句话从他嘴里说出来就变味了。但是有些人就特别会说话，同样一句话，他只是换种说法就让人很喜欢，很舒服。

小王和小刘到杭州出差，两人在马路边等公交时，发现对面有一个卖报纸的小摊。

小王和小刘说："你在这里等我，我去买一份报纸看。"

当小王从卖报人手里接过报纸时，发现自己没带零钱，只好递过一张 10 元的人民币，对卖报纸的小贩说："找钱。"

谁知，小贩冷若冰霜地说："先生，我是卖报纸的，可不是给人找零钱的。"

小王没有买到报纸，悻悻地回来了，闷闷不乐地把事情的经过告诉了小刘。

小刘安慰道："你在这儿等着，我过去试试。"

小刘来到报摊前，递过同样的 10 元人民币，对小贩说："先生，我是外地来的，想买份报纸，可是身上没有零钱，麻烦您帮我把这 10 元破成零钱。"

听了小刘的话，小贩顺手抓起一份报纸，递过来说："拿去看吧。"

同样是买报纸，小王的说法无疑如同一种命令，而小刘的说法显然就要温和有礼得多，更类似于一种请求。虽然两种说法传递的都是同一个信息，但不同的表达方式给对方带来的感受却是完全不同的。这就是谈话的力量，一句话说出来可能会挑起矛盾，让你失了人心，也可以帮你赢得他人好感，事半功倍。

诸如此类的场景，生活中比比皆是。

比如，同样是宣布加班的事情，不会说话的领导会对下属们说："注意了，今天晚上完不成工作，谁都别想下班！"会说话的领导则会对下属们说："大家加把劲，工作干完咱们就下班！"

虽然意思都是一样的，但前者传递出的感觉是一种命令和压迫，让别人难以接受，后者则是一种温暖的鼓励，更顺耳一些。哪一种表述更能激励员工，哪一个领导更受员工爱戴，不言而喻。

同样一句话，可以用不同的语言形式去表述。这不仅体现了一种语言转换能力，也显示出一种思维张力。所以，别小看一句话的事，做事需要靠智商，说话还得靠情商。在表达自己的观点时不妨想想如何彼此尊重和理解，想想自己可以怎样更好地表达，也许会生成更精彩、让人喜欢的语言。

打断别人谈话是很糟糕的事情

在公众场所、朋友聚会，乃至单独的闲聊中，你是否遇到过这样的人：他们很热衷交谈，当别人阐述自己的观点时，他们喜欢迫不及待地横上一杠，打断别人的谈话或抢接别人的话头，表达自己的观点，让谈话者中途停下来聆听。更糟糕的时候，这段谈话完全成了他自己一个人的发言。

培根曾经说过："打断别人，乱插话的人，甚至比发言冗长者更令人生厌。"

的确，打断别人谈话是一种非常无礼的行为。不管是谁，当我们在谈话时，都希望自己的感受或是感知与对方分享，这个时候一旦有人贸然打断，整个谈话思路都会断掉。一句原本精彩的话，如果被人打断后再接着说，就如咬了一口热包子去做别的事，完事后再回来吃，香味自然大减。

想象一下，一个人正兴致勃勃地讲着话，周围人也听得津津有味，这时，有人突然插嘴："听说明天天气要变冷了。"不用明天，因为你不合时宜的插嘴，现在的气氛马上就可以变冷。对于这种不礼貌的插话行为，大多数人尽管会默不作声或者隐忍不发，但心里却是充满不悦的，个别人可能当场脾气发作，使插话的人下不来台，使谈话双方的人都陷入一种十分尴尬的境地。

要做一个会谈话的人，首先要做的就是待人有礼貌，其中不打断别人的谈话，就是对别人的一种礼貌。很多人不会谈话、沟通失败的原因，不在于说错了什么，而在于在别人谈话兴趣正浓的时候，随便打断别人的谈话。这些人意识不到自己喜欢打断别人谈话的毛病，自然就得不到好人缘。

天明是一名机械维修员，这天他来到一家电子机械厂，向老板推销自己："王老板，经过一番观察，我发现贵厂自己维修机器花费的钱，要比雇佣我们来干花的钱还多，对吗？"

王老板回答："其实我私底下也计算过，我们自己干的确不太划算。你们的服务很不错，可是毕竟你们缺乏电子方面的……"

还不等王老板说完，天明就说："您必须得承认，没有人能够做完所有事情的，不是吗？修理机器需要特殊的设备和材料，这些都是我们所具备的。"

王老板说："对，但是我要说的是……"

又没等王老板说完，天明又接着说："您的意思我明白，这么说吧，您的下属就算是天才，在没有专用设备的情况下，也不可能干出像我们那样漂亮的活儿来。"

王老板说："我听朋友提到过你们的手艺，但我们这里负责维修的伙计……"

天明又急急地插话说："您就让我做，准保质量上乘，价格公道。"

这次，没等到天明说完，王老板说："我认为，你现在可以走了。"

那些喜欢打断别人谈话的人，到最后往往是最受冷落的那一个。

那些爱打断别人谈话的人，通过比较自我，希望得到他人认可，一旦这种需求得不到满足，常以插话来获得。遇到这类人的时候，你可以多给他们一些自我表达的机会，倾听他们把自己的观点谈具体，然后用语言暗示："现在我可以说了吗？"你也可以善意地提醒："我说的时候，希望你先不要插话，好吗？"这种方式会提醒对方调整自己的沟通方式，实现双方的顺畅谈话。

同时，不管你多么经书满腹，多么见多识广，当别人聊兴正浓的时候，如果不是有特别重要的发言，最好不要轻易打断对方，就算你有什么意见，或表示赞同或表示反对，也要等对方把话说完，告一段落的时候再发表你的意见，这样既不会打断别人的思路，也不会让周围的听众反感。

虽然谈话时最忌打断别人，但在有的情况下你不得不这么做，比如对方倾诉冗长，言辞无味，又引起厌烦，或者事出紧急或者必须补充，这时候是有必要打断对方的谈话了，但这毕竟是一种不礼貌的行为，因此我们应该学会不伤感情的插嘴技巧。

你可以先用礼貌的语气示意对方，比如"不好意思，打断一下""对不起，我插一句""抱歉，请允许我补充一点""突然有一件急事，不得不"……这些都可以用来打断他人的话语。

待得到别人的许可之后，再将你的话简洁明了地表达出来。切记，这样的插话不宜过长，以免扰乱对方思路。说完之后，你要请对方接着刚才的话题继续往下说，这样才能做到既表达了你的观点，又不失教养和风度。

💬 慢下来，不要急着下结论

有这样一则故事：

美国著名脱口秀主持人林克莱特主持过一期以"孩子的梦想"为主题的节目，在节目中她问一个小男孩："你长大后想做什么？"

"我要当飞机驾驶员。"小男孩仰着头回答，眼神里充满着期望。

"为什么？"

"我很喜欢飞机，我喜欢看飞机在天上飞来飞去。"

林克莱特想逗一逗小男孩，接着问："如果有一天，你驾驶的飞机飞到大西洋上空，所有引擎都熄火了，你会怎么办？"

小男孩想了想，回答说："我会告诉坐飞机的人绑好安全带。"

"哦，你真是一个聪明的孩子。接下来，你要做什么呢？"林克莱特接着问道。

"我会背着降落伞跳下去。"小男孩挺了挺小胸膛说。

听到小男孩的回答，现场观众开始哄堂大笑，并认为这个孩子在生死关头只顾着自己跳伞逃命，已经丧失了美好纯真的心灵。

林克莱特发现小男孩在那低着头一副很委屈的样子，她想知道这个聪明的小家伙究竟是怎么想的，便问道："为什么你要一个人先跳出去呢？"

小男孩的回答令在场观众十分感动，他说："不要笑我，我背着降落伞跳下去是要去拿燃料，我还会回来的！"

故事很简短，却给我们一个启示：谈话时，不要急着下结论。

我们常被告诫不要轻易评论一个人或是一件事情，但是在谈话中，许多人已经习惯了对自己看到或是听到的事情立马做出结论。

殊不知，别人打定主意与你谈点什么时，最大的希望让你了解他的意思。此时，倘若你没弄明白原因就主观臆断，不问青红皂白就下结论，因为真相不明，容易造成以为是，应该是，可能是，而实际上根本不是。这样势必不能顺畅交流，容易造成误会，产生隔阂，伤害感情，影响关系。

一段时间，林奕的工作进展很不顺利，老板让他重点发展一位重要客户，他却因手头信息掌握得不够，败给了另一家竞争公司，客户被对方抢了去。得知情况后，老板将林奕叫到了办公室，并让他总结这段时间的工作。林奕以为老板的意思很明白了，就是觉得自己这段时间工作不努力，于是满腹委屈地抱怨："我在单位任劳任怨多年，没功劳也有苦劳，一次错误您就受不了？大不了我就辞职。"

老板脸色有些不好看，解释说："我只是让你总结一下经验，认识一下自己的错误。"

"是，"林奕的情绪有些激动，"这个客户一直很难搞，当初您却偏偏给了我，不是我说，您这分明是在有意为难我。"

"是吗？你一直是这样以为的？"老板反问道，"如果是这样的话，那我同意你辞职。"

就这样，林奕辞职了。后来这位老板才说，自己一直很看好林奕，当初之所以把这个重要客户安排给他，是为了锻炼一下他，然后找机会提拔他。有人问为什么不把真相告诉林奕，如果当时说清楚，不就能避免那场争吵了吗？老板说："既然他在心里已经认定是我在有意为难，那我还有什么好说的？"

可见，结论是交谈的终结点——当你对某件事情下了结论之后，别人也就失去了再与你探讨或沟通的欲望。

马克·吐温说："让我们陷入困境的，并不是无知，而是真相并不像我们以为的那样。"

交谈是一种双向的互动关系，在这个过程中，不轻易判断，不妄下结论，不凭主观想象，让事实说话，让人把话说清，把话说完，多听一听，多想一想，再谈你的看法，这样才能够实现畅通交谈，减少伤害，融洽关系。

这是一个发生在美国通用汽车的客户与该公司客服部间的真实故事。

有一天，美国通用汽车公司收到一封客户投诉信，该客户在信中说，"我们家有一个传统的习惯，就是我们每天在吃完晚餐后，都会以冰淇淋来当我们的饭后甜点。你知道吗？每当我买的冰淇淋是香草口味时，我从店里出来我的庞帝雅克车就发不动。但如果我买的是其他的口味，车子发动起来就很顺利。我猜想，我的汽车对香草口味有些过敏，我希望你们能尽快解决这一问题。"

这封不可思议的投诉信立即引来了服务人员的调侃"什么？汽车对香草冰淇淋过敏？这真是荒唐。""这人明显找错了对象，他应该去看看心理医生。""我们不妨查查地址，或许这封投诉信是从疯人院里寄来的。""说不定，这是有人恶作剧罢了。"……尽管通用公司的总经理也对这封信的真实性心存怀疑，但他没有擅自下结论，而是派了一位办事严谨的工程师前去处理。

接下来，这名工程师按照地址找到了这名客户，之后他每天晚上陪同客户用完晚餐后便驱车前往冰淇淋店。第一晚，他们购买了巧克力冰淇淋，车子没事。第二晚，他们购买了草莓冰淇淋，车子也没事。第三个晚上，他们购买了香草冰淇淋，车子果然发动不了。看来，投诉者反映的"荒唐"问题一点也不荒唐。

但是为什么会这样？这名工程师记下每次购买冰淇淋的详细资料，如汽车经过的路线、使用汽油的种类、车子开出和开回的时间等。根据资料显示，他发现，这位客户买香草冰淇淋所花的时间比其他口味的要少。原来，香草冰淇淋是在这家冰淇淋店最畅销的口味，店家总是提前将香草冰淇淋做好，陈列在店前单独的冰柜里，这样顾客来了就可以快速拿取。也就是说，因为停车时间短，汽车不能再次启动。接下来，工程师发现问题出在发动机上。当顾客买其他口味冰淇淋时，由于购买时间较长，引擎有足够时间散热，重新发动一般不会出现问题。但买香草口味时，由于时间较短，引擎没有足够的时间散热，就会导致"气阻"，这都是散热不畅惹的祸。

发现了汽车对香草冰淇淋"过敏"的真相后，这位工程师立即向公司反映，设计部门迅速进行技术改进，弥补了散热装置的缺陷，解决了气阻现象。不久，通用汽车公司都用上了随时能重新发动引擎的散热装置。从此，庞帝雅克车对香草冰淇淋再也不"过敏"了，这个看似荒唐的投诉案得到了圆满解决。

即使有些问题看起来真的是很疯狂或无厘头，但是有时候它还是真的存在，背后有其必然性。不要轻易下结论，认真调查，分析再做决定，谁能发现和解决这些问题，谁就赢得了发展先机。如果我们直接反应说不可能，或者根据自己主观判断轻易下结论，很可能错失一次次发展良机。

哪壶不开，你就提哪壶？

莉娜是一个开朗活泼、直来直去的人，而且待人非常热情，经常给朋友以热情的帮助，这种人本应该是很受欢迎的，可是周围的人总是很讨厌她。原来，莉娜在交往中总是管不住自己的嘴巴，说话不经大脑，看到什么说什么。有时虽然她主观愿望很好，却总是让别人陷入难堪的境地。

单位里有个男生，个子长得矮矮小小，但是唱歌很好听。一次公司举行客户答谢会，这个男生自告奋勇准备献歌一首。为了显示对公司和客户的尊重，他专门买了一套小西装穿上，还系上了领带。可能由于身材过于矮小，男生有些衬不起那套西服。见此，莉娜当着大家的面说："别人穿西装都很帅，你穿着怎么就像未成年儿童偷了父母的衣服穿一样，看起来真是搞笑，我找人给你裁剪下吧。"搞得该男生顿时红了脸。

有一位女同事结婚前体型还挺匀称的，结婚后或疏于锻炼，或心情好的缘故，就长胖了。该同事最忧心自己的身材，莉娜一看到她就调侃："你爱人净弄什么好的给你吃，把你喂得这么肥？你这样下去真不行，说真的，你胖的都差点认不出来了。你要是再不控制自己的体重，小心你爱人移情别恋，这样的事情很多的。"在场的一些同事笑出了声，该女同事瞪了莉娜一眼，并没有和她搭话。

有朋友在朋友圈发了一张晴朗天气的美图，评价说"难得的好天气，适合把心情晒一晒"。结果被莉娜回复："你已经这么黑了，别再晒了。我这可都是为你着想。"

时间久了，谁都怕这种挤兑降临到自己身上，所以和莉娜接触的人越来越少了。

在生活中，我们总能遇上这样一些人，他们说话时常口无遮拦，哪壶不开提哪壶，别人最怕什么他们就说什么。或许这些人都不是有意为之，本身也没有什么恶意，但是不管什么时候，这样的人都无法受到别人的喜欢。

不管是普通人，还是身份高贵的人，我们每个人身上都有这样那样的缺点和不足，以及不愿被人提及的敏感点。对于绝大部分人来说，一旦被人提及这些缺点和不足，尤其是碰触了敏感点，就会觉得自尊心受到了严重的伤害，轻则滋生反感的情绪，重则可能产生愤怒和仇恨的心理。

我们常说"打人不打脸，骂人不揭短"，其实说的就是这个道理。所以，在与人谈话时候，我们言谈之间一定要注意措辞，尽量不提及别人的缺点和不足，绕开别人不愿被人提及的敏感点，这样我们说出来的话才不会得罪人。这是与人交往的基本素养，更是受人欢迎和尊重的关键。

看到这里，有些人会直接反驳"看到别人的缺点、不足、不对的地方，我就忍不住不说，我这人说话就是比较直。"如果被人责怪，他们可能还会委屈巴巴地说"我只是说话比较直，可我都是为了你好呀！"用"说话比较直"来归因自己对别人的伤害，这分明就是情商低、片面、自私的表现。

因为你"性格直"就可以口无遮拦？

因为你"性格直"就可以肆无忌惮？

因为你"性格直"伤害了别人，别人都应该原谅你？

一个谈话不顾及他人感受的人，为的不过是满足自己的情绪，打着"心直口快"的幌子出语伤人罢了。事实上，会谈话的人，在说话之前都会仔细地考量，很好地避免别人的隐私、缺点、不足，他们说话再直白，也不至于戳人痛处，揭人伤疤，更不会说那种"哪壶不开提哪壶"的蠢话。

周末，马素领着女儿来到一家童装店里闲逛。女儿今年已经 6 岁半了，但是长得又瘦又小，买衣服总是买不到合适的，这让马素一直很是苦恼。一会儿，女儿看到一件美丽的公主裙，喜欢得不得了，于是马素便让售货员拿过来给女儿试一试。她的女儿长得有些瘦小，穿上那件公主裙后显得又肥又大。

"麻烦你再给我们拿一件小一码的衣服吧！"马素说。

谁知，售货员却回答："这已经是最小码了！我们这款裙子是到脚踝的长款，根本不适合个子矮小的孩子穿。"

　　一听售货员这话，马素的脸立刻就沉了下来，不高兴地说："你会不会说话啊！什么叫做不适合个子矮小的孩子穿！你是说我女儿长得太矮小吗？你说话真是太过分了！我要投诉你！把你们的店长找过来！"

　　没一会店长赶了过来，简单问了问情况后，她微笑着说："非常抱歉，这是我们的失误，请您见谅！那款衣服是外贸货，款式都比较偏大。您的孩子是一个纤瘦苗条的小美女，应该选择短款的蓬蓬裙，宝贝穿上之后一定非常漂亮，"说着，店长随手拿下一套短款的蓬蓬裙，"您可以让宝贝试一试，可以吗？"

　　听了店长的话，马素的脸色好看了些，说："这套确实不错，那就试试吧！"最后，马素很高兴地买下了这件蓬蓬裙。

　　虽然这位售货员说的是事实，长款的裙子并不适合矮小的孩子穿，但是这已经是在"哪壶不开提哪壶"了。毕竟不管是谁，每个妈妈都不希望自己的孩子被说"身材矮小"。而店长就不同了，她立即说裙子穿着不合适，并不是孩子个子的问题，而是裙子本身的问题，并且还夸奖了女孩纤瘦苗条。这样一来，即便这位妈妈知道她是为了缓解气氛，那么心里也会舒服很多，不再计较了。

　　无论在什么时候，无论目的何在，每个人应该努力在谈话的时候顾及别人的感受，而不是粗暴的找理由说自己说话直。

CHAPTER 03

中国好声音，
是怎样炼成的

在谈话中，好听的声音让人如沐春风，这也是很
多人都渴望拥有的。天赋是一方面，更重要的
是，我们一定要带着感情去说，自信满满，不躁
不怒，抑扬顿挫，速度的变化与音调的高低，必
须搭配得当，增强语言的节奏感、表现力和感染
力，牢牢抓住听者的注意力。

💬 态度平和：不燥不怒，佛性交谈

我们每一个人都是独立的个体，都有自己的个性和思想，在交往过程中，不可避免地会与别人产生大大小小、各种各样的矛盾。这时候，绝大多数人不免心态失衡，往往容易失去良好的自控能力，在不自知的情况下，态度渐趋蛮横，话语逐渐伤人，甚至非要在口头上与对方一较高下。

表面上看，这种人言语犀利，能说会道，似乎比其他人更有话语权。但事实上，由于一方逞一时口舌之快，说了带情绪的话，很容易让对方感到你的敌意，也会挑战对方的心理防线，从而影响双方的关系。如果双方你来我往，把口水仗打得如火如荼，更会加剧双方的冲突，酿成祸端。

阿雅是一家广告公司的策划，今年 26 岁，她精力充沛，严于律己，才华出众，优秀的工作能力有目共睹。但是她争强好胜，为了显出自己的口才，争取自己的利益，经常跟别人发生口角。这时候，阿雅的情绪往往十分暴躁，经常大吼大叫，就仿佛变成了一个失控的吼叫机器，变得非常可怕。

阿雅本以为自己只要做好工作就行了，但是麻烦接踵而至，同事们都不愿意和她共事，工作上的配合度也越来越差。有一次公司竞选业务主管，阿雅居然落选于平时表现平平的一位同事。后来领导又找阿雅谈话，尽管语气很委婉，阿雅心里还是不是滋味："你的工作能力有目共睹，但你说话总是态度蛮横，咄咄逼人。在大家看来，你这样的人不够成熟，便敬而远之了。那位同事虽然能力不突出，但和人说话时态度温和，这也正是她为什么获得众人喜爱和欣赏的原因。"

毫无疑问，拥有渊博的知识、出众的口才为我们的工作、生活提供有力的保障，但是语言尖刻恶毒，或是横暴的人，不但容易得罪人，惹祸招殃，也给自己徒增了几份烦恼和忧虑，无疑是得不偿失的。这，正印证了一句古话所说"气性乖张，多是夭亡之子；语言深刻，终为薄福之人。"

人生在世，应注意提高自己的道德修养，时刻注意自己的言行，始终保持健康、稳定、平和的情绪。话语平和亲切，令人舒服愉悦，这才是真正的好声音。话语平和，表明你对这个世界，对社会，对人生，已经有了一整套比较完整的看法。你不焦虑，不急躁，一切的变故都不会影响到你。

稽首天中天，毫光照大千，

八风吹不动，端坐紫金台。

这是苏东坡一首意境很高的诗，在佛学上"八风"指称、讥、毁、誉、利、衰、苦、乐。人家称赞我，我也高兴；人家诽谤我，我也没问题；人家骂我，我都不生气，不起嗔恨心；贪嗔痴都不起，八风吹不动。这首诗是在赞佛，同时又暗含着作者超然的境界，他能跟佛陀一样境界很高。

苏东坡写好了这首诗，自己反复吟诵，觉得非常满意！这时，他想起了好朋友佛印禅师来，他想禅师如果看到这首诗，一定会大大的赞赏一番，甚至会拍案叫绝。于是，他立刻把这首诗抄在诗笺上，用信封好，叫佣人送去，归宗寺的佛印禅师看。黄州在长江北岸，到对岸的归宗寺，必须渡江。

谁知，当佣人再回来时，苏东坡看到佛印禅师在诗笺上批着两个字"放屁"。苏东坡不禁无明火升起三千丈，勃然大怒起来，连喊"岂有此理"，气呼呼地雇船过江，要找佛印禅师算账。一路奔到佛印禅师方丈室来，他看方丈室的门扉上贴着一张字条，端正地写着：八风吹不动，一屁过江来。苏东坡的脸顿时涨得通红，心里暗暗叫道："我错了，看来我的修养和佛诣还是没到家。"

苏东坡错在哪里呢？佛印禅师那句话，明明是警告他，你说自己不为称讥毁誉的各种境界所动，为什么竟被那区区"放屁"二字，搞到无明火起，过江和我评理呢？

弱者不会控制自己的情绪，普遍容易暴怒。强者则知道如何把控情绪，并且相对平和。无论是传达信息，还是表露观点，都能够用平和的话语来表达。当一个人拥有这个本事时，不但有利于培养气度和修养，而且可以化解各种矛盾，避免许多烦扰的介入，进而同周围的人建立良好的社会关系。

有这样一个作家，尽管世事待她并不温柔，可她依然保持安然之态。她瘦小的身材，总是穿着素雅的裹裙，神情总是舒展平和。不管周围聚集了多少人，她总是不急不躁，和声细语一一作答，很少有不耐烦的时候。有人提到她的成就，她也只是低头合掌表示感谢。面对个别读者的误解和指责，她并不恼怒，去据理力争，反倒语气平和地劝慰"谢谢你给我的建议，我会认真考虑。"尽管她的美丽并不张扬，但是这种亲和让人觉得特别舒服，又不失力量的感觉，让她独具魅力。

不燥不怒，态度平和，佛性交谈，自有魅力。

语言的强大，不是靠逞一时之勇和赢口舌之争得来的。无论遭遇什么事情，先让自己冷静下来，不必逞一时的口舌之快。你可以深呼吸几下，或者把舌尖在嘴中转十圈，或者可以先暂时离开现场，这样，你的情绪就会得到迅速转移。待情绪稳定一点后，再心平气和地说出自己的想法。

💬 音色悦耳：抑扬顿挫，娓娓动听

话不能平淡地说，而要讲求一些技巧。如果平铺直叙毫无吸引力，听者自然就听不进去了；如果一味像连珠炮似的激昂讲话，会给人造成一种强烈的紧迫感，效果也不会好。

所以，我们在谈话时要善于运用抑扬顿挫的技巧。可以说，抑扬顿挫是讲话者情感色彩的最直观表现，可以使整个讲话过程起伏跌宕，打造出一种语言上的节奏美，不但能让谈话内容朗朗上口，连贯畅通，也容易凝聚听者的注意力，刺激听者的兴趣。当他人愿意倾听你，你的谈话才有意义。

当然，抑扬顿挫的谈话效果并不是每个人都能做到的，必须需要进行技巧学习和练习。

控制音量

谈话的意义是表达自己的想法和情感，所谓有理不在声高，控制说话的音量是非常重要和有必要的。控制音量不等于低声耳语，小到对方听起来费劲的程度，而是以合适的音量表述即可。在社交场合中，声音不宜过高，音量大到让人听清即可，一般以柔和的谈吐为宜，明朗、平和、愉快的语调最吸引人。在正式场合中，比如演讲、发言，声音可适当洪亮，展现强劲的力量。

有些人的声音单薄无力，没有质感，为了增强声音的感染力，更好地控制音量，我们平时还要多多练习丹田发声。深吸一口气，尽量将气往即丹田（肚脐下两寸）压，使小腹用力向外扩张。把手按在丹田上，屏住呼吸三秒左右，上下牙微微闭合，舌尖抵住上齿背发 si、mi、ma 等音，发声的强弱保持一致，要使声音传得远，且圆润。直到气息用尽、小腹感到胀痛为止。每日早晚各练习四次。

运用重音

重音是读得重而清楚的音节，是构成节奏的主要因素。它一方面能起到强调的作用，另一方面能起到区别词义的效果。比如"但是""不过""因此""我认为""是这样"等，这些语法结构中的一些关键词语，可以通过刻意提高音量、拖长音节、一字一顿等方法来凸显重音，强调你所要表达的某种核心思想，表露你的喜好与厌恶、接受与拒绝、选择与抛弃、欢悦与悲伤等。

快慢有度

语速是表达思想感情的重要手段，可以渲染场景，烘托气氛，增强语言的表现力和感染力。谈话时，我们要依据实际情况的需要调整语速的快慢。快，一般用于表达激昂、紧张、震怒、兴奋等情感；慢，一般用在表述安闲、平静、沮丧、悲哀等情感。好的表述应该是快与慢交替使用，做到慢中有快，快中有慢，快而不乱，慢而不断，娓娓道来，这可以增强语言形象的美感，更具吸引力。

一般来说，提及需要特别强调的事情、极为严肃的事情和使人感到疑惑的事情时，语速应当适当的减速，留给听者一些理解、消化的时间和空间。而对于任何人都知道的事情、不太重要的事情、没必要细说的情景和无法言表的感情等，可适当的加速。如此，往往就能掌握好谈话的节奏。

注意停顿

谈话就像写文章一样，要用标点符号。谈话的停顿，就是文章的标点符号。恰到好处的停顿是可变平淡为着重，变直白为起伏，变紊乱为整齐，是控制整个谈话节奏、吸引听众注意力的重要方法。

在谈话中，美国总统林肯就善于运用停顿技巧。当林肯说到某一重点，并且希望听者留下深刻印象时，他往往会倾身向前，直视对方的眼睛，长达一分钟之久。他并未提高声音，但这种停顿以极强的节奏感制造语言的感染力，透出权威和信心，高度集中了听众的注意力，比大吼大叫更有力量。

在这里，我们不妨运用一句话实践一下，"我认为没有人能够像他那样严谨、负责、敬业！"这句话如果连起来读，中间不做任何的停顿，读起来是不是比较平淡？如果我们加上停顿，在"严谨"前面停顿，则能够凸显出讲话者对下面内容的强调，也表达了自己激昂的情绪，紧紧抓住听者的思绪。

声调的高低、语气的轻重、速度的节奏、语流顿挫的控制和变化能力，可以体现一个人的语言能力。当你谈话时字正腔圆，并能根据谈话的内容、场景等不同，有高低抑扬、快慢急缓、强弱轻重等多种变化，你的谈话往往能使说得具有节奏感，更易入耳入心，引人入胜，获得最佳的效果。

声情并茂：饱含情意，感动人心

"感人心者，莫先乎情。"

什么话最能够打动人、感染人、征服人？唯有那些饱含感情、满含着爱的话，才能软化、温暖和焐热人们的心。在交谈中，我们一定要充满感情，不能总是冷冰冰的。即使对方是陌生人，也不可太冷漠，否则就会伤了对方的心。尤其你要和别人进行进一步沟通时，更要带着感情去说话。

语言一旦注入了感情元素，就能随风潜入夜、润物细无声。

春天来了，在繁华的巴黎大街上，站着一个衣衫褴褛、头发斑白、双目失明的老人，而在他身旁立着一块木牌，上面写着："我什么也看不见。"路上的行人来来往往，几乎铺满了个满街满巷，可是很少有人施舍。

这时来了一位诗人，他见这位盲人神情哀伤，拿起笔在木牌上写了几个字。

下午诗人再次路过时，乞讨者已收获丰厚，他不解地追问："好心的先生，不知为什么，下午给我钱的人多极了。"

诗人听了，微微地一笑。原来他把牌子修改为："春天来了，可是我什么也看不见！"

经诗人修改过的一句话竟有这么大的魔力，原因何在？原来，这句话的魔力在于它有非常浓厚的感情色彩。春天是美好的，草长莺飞、姹紫嫣红，但这良辰美景，对于一个双目失明的人来说都是虚设，这是多么悲惨啊！当人们想到盲人眼前一片漆黑，一生中连春天都不曾见过，怎能不产生同情之心呢？

"春天来了，可是我什么也看不见"，人心是可以被语言所打动的。讲话虽不能被感情牵着鼻子走，但一定要带着感情讲。只有饱含情意的语言，才能引起别人的共鸣，甚至感动别人，达到沟通的目的。想要与别人友好地交流，想要成为"口才达人"，你就必须学会声情并茂说话的本领。

一个会谈话的人，一定会在语言中充满感情，多讲动之以情、示之行的话，让话语更富人情味、更具公信力和可信度。

苏涛能力突出，年轻有为，"空降"到一家企业做主管。手下几个组长都对年轻资浅的苏涛不服气，苏涛对此非常知趣。在和这些手下说话时，他总是全程没有一点表情，冷若冰霜，结果是，这些人对他更加抵制，各种的不配合，工作陷入停滞。导师观察后，指出了这点："这就是你无法做出成绩的原因，你的语气中没有丝毫的善意和情感，因此大家回馈给你的只能是冰冷和敷衍。"

此后，苏涛改正了这个缺点，再与人沟通时，总是包含情感，让人们感受到了他的善意。在一次会议上，他推心置腹地跟大伙说："你们都是这里的中坚力量，我的资历、能力都不足，要叫我来负责，其实是赶鸭子上架。在座的各位都是我的良师益友，我的工作要是离开了你们的支持，将一事无成。所以，我不依靠你们，又依靠谁呀？"苏涛一席自谦而又推心置腹的话，充满了"情谊"的重量，使得受听者心生感动，再也不好意思敌对他了，他的事业也随之有了起色。

不久，有一位工人上班时不慎轧断了手指，苏涛当即派车把他送到医院治疗。工人出院后，担心自己留下残疾而工作不保，便战战兢兢地去找苏涛。听了工人的哭诉，苏涛说："你是在公司上班受的伤，而且我们所有工人都是一家人。你放心，我会合理安排适合你的工作，并向上级申请赔偿。"这话说得让人动情，工人当即感激涕零，全司员工获悉此事后也分外感动、干劲倍增。

语言的作用是沟通，沟通的目的是达成共识，达成共识的最高境界就是打动人心。情感是交流思想的秘方，是决定问题的诀窍。真情至，理便通。

因此，在谈话中，话语要声情并茂，或激情振奋，或悲痛深沉，或压抑窒息……从而将以声传情作为表情达意的重要手段。说一番饱含情意的话令人心动，做一个饱含情意的人让人尊敬，你的人际关系将变得和谐融洽，看似困难的工作将变得轻而易举……如此种种，不正是你所追求的么？

语言通俗：清晰明了，不掉书袋

每个人都希望自己的谈话成功，而成功的谈话应当通俗易懂，即用听众熟悉、能马上理解的语言，把要讲述的内容，用浅显明白的话语表达出来。如果采用生涩、艰深、冷僻的词语，引用不好理解的古文和诗词以及专业术语，语言讲出来谁也听不懂，那么就失去了听众，失去了谈话的意义和价值。

梅博士是个学识渊博、出口成章的人，按理说这样的人应该很受欢迎，但周围许多人都不喜欢和梅博士聊天。为什么？无论是同学聚会、朋友宴饮，或是数人闲聊，梅博士说话时都喜欢咬文嚼字，引经据典，无休无止地谈文学、谈哲学、谈政治、谈历史、谈社会、谈人生，以显示自己无所不知。

这天，梅博士和几位朋友到一家餐厅吃饭，一位体态较胖的服务员正和别人谈论如何减肥，见他们落座，急忙拿着菜单过来。梅博士不看菜单，而是和服务员谈起了肥瘦与美学的关系，他从赵飞燕扯到杨玉环，又从黑格尔扯到朱光潜，朋友们听得昏昏欲睡，那个服务员听得一头雾水，忍不住打断说："先生，您的话我听不懂，请问您要点什么菜？"梅博士这才关上"泄洪闸车"，把目光转向菜单。

席间，大家一边吃一边评价这家餐厅的饭菜。有人问及梅博士的意见，他摇头晃脑地回答说"雕蚶镂蛤"，雕蚶镂蛤指将蚶、蛤蜊刻意加工，形容精致而好吃的食物，可是这个成语太生僻，平时很少见，大家都不知道什么意思。你看我，我看你，面面相觑，有人忍不住捂嘴偷笑。

看到这里，大家是不是觉得梅博士说话滑稽可笑，有哗众取宠之感。

谈话不是做文章，而是通过语言传达情感，发表意见以达到沟通目的，这一点就决定了它必须既能"上口"，又能"入耳"。所谓"上口"就是避免堆砌辞藻，掉书袋，要用通俗易懂，清晰明了的语言表达。所谓"入耳"就是指能使听者完全听懂，进行互动性的交流，并受其欢迎。

那么，谈话中我们如何做到这一点呢？

多用口语化语言

口语化没有一定的范式，不要求严谨或符合语法，只要贴近日常人们的说话习惯，能使谈话双方明了即可。

为了使语言口语化，就要多用音节清晰、语调铿锵、易于听懂的词，少用专业深奥的词语，听不大明白的文言词语和不常用的成语予以替换或删除；多用简洁明快的短句，少用修饰语成串的长句，对那些不适合口头表达的词句作修改，如将长句改为短句，倒装句改为正装句，等等。

比如，形容水波荡漾的湖面时，书中可能说"湖水潋滟"，虽然人们也听得明白，但在日常生活中人们很少这么说。如果我们换一种说法，"湖水泛起了一道道的水波"，是不是会让听者更容易明白，更有亲切感。

准确地运用熟语

熟语是语言中定型的词组或句子，包括成语、惯用语、谚语、格言和歇后语等，虽然字数少，但言简意赅，具有很强的概括性和丰富的表现力。准确地运用熟语，不仅可以大大提高语言的精练程度，还能增强说话的效果。

比如，要表达"坏人相互勾结做坏事"的意思，使用"臭味相投""蛇鼠一窝""狼狈为奸"等成语；要形容"不顾客观实际，专门诌媚奉承、讨好别人的行为"时，可以说"拍马屁"；形容"做事情白费力气，没有效果，劳而无功"时，可以说"竹篮打水一场空"，会更加生动传神，通俗有趣。

多列举生活事例

谈话是讲者和听者进行的一种信息交流活动，倘若听者与讲者之间的心理距离太大，就会削弱谈话效果。因此，我们可以运用事例来阐述主张，抒发情意。所谓事实胜于雄辩，具体事例会让听者真切地感受到一种语言亲和力和心理认同感，这无疑有助于谈话的顺利进行并取得实效。

善用比喻来解释

比喻，就是打比方，即以彼物比此物。具体说，就是表达某一事物或道理时，运用联想或想象，引进另一种事物或道理，以便使抽象的概念形象化，使复杂的问题简单化，将事物或道理反映得更具体、更贴切、更生动、更富有感染力，使听者爱听，听得明白，从而留下深刻印象。

董浩是一位知名作家，他的作品既深刻，又耐人寻味。在接受采访的时候，一位女记者问他："据我了解，您最新的一部作品源自一则真实故事，但有些细节却没有写全，比如主人公曾经偷窃过邻居家的一件衣服，这是为什么？"

董浩回答："即使是实实在在的事物，也分为有所写，和有所不写的。"

熟料这位记者发问:"请恕我冒昧,我觉得作家就是要把生活中发生的事,用文字记录下来。事情既然是实实在在发生的,那么它就应该是存在着的,存在着的就应该予以表现、予以记录,就应该是有所写。"

旁边的助理有些着急地说:"您不是作家,或许理解不了。"

董浩则不慌不忙地摆摆手,面带微笑问这位女记者:"你有你的照片吗?给我看看。"

女记者用迷惑和茫然的神情看着董浩,董浩则笑脸盈盈的解释道:"我是要看看,你是不是有着脸上长痘痘的照片。"

女记者随即反问道:"长痘痘时谁拍照片啊?多难看啊!"

董浩说:"对呀!你不在长痘痘时拍照片,这说明你给自己拍照时是有选择的,毕竟女生长痘痘时肯定没有平时漂亮,而那只是暂时的。由此我们可以说,某些不良现象是需要批评的,但有些事情有着其特殊原因,涉及许多方面的问题,我们只要采取积极的措施去改正它、完善它就行了。可你非要把它揭露出来,这岂不是要把长痘痘的照片贴出来吗?"

女记者的脸刷的红了起来,最后含笑点点头。

一般说来,抽象的东西不容易说清楚。如果用术语来解释,必定冗长晦涩,让人难以理解。在这里,董浩适时地引用了一个比喻,就把难以解释清楚的问题讲得生动形象,简单几句话就让人听明白了,不仅展示了自己出色的口才,也成功地化解了当时尴尬的局面,多么聪明的做法。

用通俗易懂的语言,明晰通畅地表达。谈话最主要的,就是先让别人听得懂你的话。别急于学技巧，没什么捷径可走，平时多看多听多积累。读万卷书，行万里路，才是根本，踏实一些，一步一个脚印。

措辞委婉：曲径通幽，温柔提醒

人人都喜欢与直爽、坦诚的人交往，但一个人如果说话过于直接，想什么说什么，这又是沟通中的大忌。因为，很多情况下，你不能保证你想的、说的都对，而且听话人的接受能力也不尽相同，不讲究方式的直言快语，常常显得肤浅、粗俗、愚蠢，让人感觉索然寡味，避而远之。

为避免不愉快的事情发生，说话时措辞要委婉一些。即把重要的、该说的话隐藏起来，使用含蓄的表达方法，从而产生一种耐人寻味的效果。这种体验就如同游览古典园林，曲径通幽，渐入佳境。

生活中，我们会遇到这样的场景：谈及一些不高兴或者是别人忌讳的事，"直言"有时候并不能起到积极的作用。而措辞上委婉一些，则能巧妙地表达我们的意见。这种说话方式暗示性、启发性强，如果对方能接受，则可不动神色地把问题解决；即使对方不能接受，那也无关大局。

有一年，美国总统尼克松携夫人对日本进行访问。当时的日本首相吉田茂盛情宴款待，因为他有一个迫在眉睫的事情要解决。

在宴席的过程中，吉田茂显得很热情，频频给尼克松及其夫人敬酒，这让尼克松夫妇很高兴，气氛非常融洽。眼看时机正好，吉田茂转过头对身旁的尼克松夫人开玩笑道："尊敬的总统夫人，有一句冒昧的话我一直想说。我发现在东京湾停泊着几艘美国驱逐舰，这些军舰不会是怕您受到欺负而开来保护您的吧？"

吉田茂的这句玩笑话，引得所有宾客都哈哈大笑起来。其实，对于这些聪明绝顶的政治家，怎么会听不懂吉田茂的真实意图呢？在那些年，美国有不少军舰正停泊在日本东京湾，这引起日本朝野普遍的不安。尼克松总统对此事是完全了解的，所以他很清楚，吉田茂是在委婉地表达对美国军舰的不满之情。

不过，吉田茂的这种方式，并没有让尼克松总统感到不舒服，反而非常佩服他的口才。结束日本访问后，尼克松回国下令：撤走停在东京湾的军舰。就这样，原本敏感的政治问题，就被吉田茂一句巧妙的语言解决了。

吉田茂的说话方式，正是措辞委婉的妙用，他将自己的意思曲折地、间接地表达了出来，既尊重了尼克松总统，不至于让对方难看，又使对方愉快地接受了意见，从而在和谐的气氛中达到了沟通目的。看到了吧，说话不一定要直来直去，委婉含蓄地表达不仅让人容易接受，还深得人心。

所以，当你希望表达一种内心的愿望，又不便直说、不忍直说、不能直说时，不妨措辞上委婉一些，将自己的意思曲折地、间接地表达出来。如果你的语言耐人寻味且寓意深刻，让听者思而得其意，而且越揣摩似乎含义越深、越多，那么你的话也就越有吸引力和感染力，就是当之无愧的好声音。

我们再来看一个经典的例子：

罗西尼是19世纪著名的意大利作曲家，一天一位作曲家拿着一份曲谱前来拜访，恳请罗西尼听听自己的演奏并给予意见。

在作曲家演奏过程中，罗西尼一直认真地倾听，且不时地脱帽致敬。

作曲家演奏完毕，问罗西尼："您觉得怎么样？"

"太好了。"罗西尼回答。

"真的吗？"作曲家兴奋地追问道，"您脱帽就是对我的极大认可吧？"

"不，不是因为你，"罗西尼回答说，"我有见到熟人就脱帽的习惯，在阁下的曲子里，我碰到了那么多的熟人，不得不连连脱帽。"

罗西尼委婉地指出曲子缺乏新意，暗示作曲家的抄袭行为，既巧妙地向对方表明了自己的看法和意见，又照顾到作曲家的面子问题，两全其美。这是一种机智的表达，是一种轻松的深刻，很明显这种曲径通幽的温柔提醒比直说这份曲谱是东拼西凑的抄袭品更有力，实在值得回味。

需要注意的是，措辞委婉不是猜谜语、说隐语，如果绕来绕去，你准备说 A，却一直在 B 或 C 上绕，把对方引入迷魂阵，就不好了。一切语言都要围绕着话题展开，有意识的表达自己的意图，最终目的是让对方充分理解你表达的真实意思，或者接受你传达的信息，这才叫真正地有效果。

CHAPTER 04

给每一次谈话，
贴上你的魅力标签

一个会谈话的人，他谈话的方式或清晰明了，或风趣幽默，或恰到好处。总之，总能让别人愿意听他讲，并且相信他所讲的，因而他不管与谁都能谈得来，都能成为朋友。这就是会谈话的魅力，这种魅力并不是天生的，是可以通过后天训练来不断加强的。

富于个性，打造属于你的语言特色

和一个人谈话，要达到什么样的效果，才算成功？

既然提到"成功"二字，那前提就是"有目的性"的谈话，具有某些能够对达成目的起到推动性作用的反应，才算得上是一场成功交谈。通常来说，与人谈话能够获得的最直观的目的是拉近彼此的距离，给别人留下一个好印象，只有实现这一点，这场谈话才不至于无功而返。相反，如果说一场谈话过后，对方反而对你敬而远之，心生恶感，那这场谈话很显然就是极其失败的"作品"了。

不过除此之外，还有一种情况是最悲哀的，那就是谈完话之后，你没有给对方留下任何印象——何其没有存在感！

假设你在参加聚会的过程中，有这么一个人，吃饭的时候你们可能有过一些寒暄，甚至进行了自我介绍，你们的交谈也非常平淡，既没有感觉不好，也没有觉得特别好……这样的人，你会记得吗？即便他整顿饭可能就坐在你旁边，恐怕你也很难对他产生印象，自然对方对你也不会有什么印象。

再试想一下，当你参加完聚会之后，第二天和朋友说起聚会上留有印象的陌生人时，你通常会怎么说？你能准确记住你有印象的每一个人的谈话吗？就大多数人而言，我们听到更多的都是诸如"那个说话特别大声的""那个人说话很有趣""那个特别喜欢显摆的"……这一类的描述。而事实上，这些描述，也正是你记住他们的原因。

可见，想要给别人留下深刻印象，你必须要懂得亮出你的个性，让对方看到你与别人的不同之处。因此，我们在谈话的时候，不仅要追求语言的实用性、有效性，还要进一步打造属于自己的语言特色，只有这样你才能拥有辨识度，才能让别人哪怕记不住你，也可以通过语言特点迅速想起你。

有用吗？自然是有用的。

伊丽是某科技公司的产品经理，这家单位一度存在普遍性的性别歧视现象，因为人们在潜意识里还是会觉得女性在技术和创造性方面不如男性。虽然伊丽有着过硬的编程能力，但在讨论业务问题的时候，往往她的观点很容易被忽略，甚至会出现发言被打断的情况，"我说话比较温柔、随和，有些人就觉得这是我能力弱的表现，他们不是那种明白地说出来你能力不行之类的，但从态度上对我有些不屑。"

不能再这样下去，伊丽决定改变自己。除了在形象上包装自己之外，她开始尝试着从语言上塑造自己。说话声音清脆，响亮，明快。从来不犹犹豫豫、拖泥带水。不拐弯抹角，回答问题找重点，不离题。不会刻意去隐瞒什么，更不会去包庇谁……这种语言风格呈现出一个干练、直爽、值得信赖的职场女王形象。

"和伊丽谈谈话，你会发现，她是一个有魄力和有胆量的人。"

"她果断，利落，看起来更职业精明。和这样的人合作，我会很放心。"

......

这，就是个性语言的魅力所在。

要想让别人"钟情"于你，就要学会说出自己的特色。

有人为了引起别人的关注，显示自己的与众不同，常常会故意说某些违背常理、道德的言论等，自以为这样就叫个性。事实上，这类语言的确会引起别人的注意，甚至给别人留下深刻印象，但这种印象往往不是什么好印象。这和一个疯子或者傻子当众满地打滚所引起的关注没有什么不同。

彰显个性最重要的一点是，你在语言上得表现出技术含量，与众不同的某项技术、某方面的学识、人生经验等，能够让人在印象深刻的同时，也对你所表现出的这一特性产生钦佩或者欣赏的正面情感。换言之，你的个性语言必须得有亮点，有实力，这样才能给人留下能够为你加分的好印象。

如果你相貌平平，但幽默风趣，那么在与人打交道时，不妨保持自然的姿态，将小幽默融入你的谈资中，激发对方与你谈话的兴趣；

如果你外表不甚出众，言谈也不够有趣，但对某个领域的知识或技能相当了解，那么不妨抛出几个专业术语，抛出几条深奥的信息，制造"博学多才"的印象，当然，千万不要滔滔不绝，毕竟对方未必能听懂你在说什么……

总之，个性化的语言既能帮助你集中听者的注意力，又能更好地表达自己的观点，更好地展现自己的优势，向众人展示出一个洒脱而又有个性魅力的你，让你在众人之中脱颖而出，进而赢得种种好机会。

💬 逻辑缜密，交谈应有条有理有见地

谈话的关键不在于"话术"，而在于背后的"逻辑"，就是说话要有条有理，不丢三落四，不颠三倒四，按照比较缜密的逻辑顺序把事情、道理说清楚。

郑亚是一家商贸企业的经理助理，无论是对内的部门会议，还是对外的合作会谈，他都得亲力亲为，协助经理处理商务信件、起草文件、报告、计划书等各类综合性文件。郑亚的学历很高，文笔也不错，然而令他烦恼的是，每次他说话的时候，别人都反映听不太懂，甚至会感到厌烦，让他很尴尬。

这天，郑亚向经理请示会议安排工作，以下是他的话叙：

"王经理，刚刚客户李先生打电话说，由于他那边出现突发事情，今天上午九点的会议无法准时开始，李先生建议晚一点开会，或者下午也可以。我已经咨询过会议室的负责人，他说我们的会议室今天 10 点之后和 16 点之后都有安排，只有15 点到 16 点之间是空着的。李先生说他晚上还有一个重要应酬，会议最好在17 点之前开始，我建议把会议时间定在15 点，您看可以吗？"

以上表述是不是让人感觉很混乱？这样的表述内容混乱，条理不清，毫无疑啰里吧嗦的说了一堆，别人还是云里雾里，晕头晕脑，完全不知道在表达什么。郑亚之所以这样，说到底就是归结于缺乏逻辑思维。说话没逻辑，就不能真正有效表达自己的想法，就无法真正沟通工作和生活上的问题。

可见，谈话不是口头上的较量，而是思维上的战争。逻辑缜密，才能表达畅通。

既然如此，那怎样表达才能体现出自己的逻辑思维能力呢？

运用金字塔思维

我们知道，食物进入了胃袋之后，必须要经过适当地消化、分解，才能在肠道吸收营养成分，语言也是一样。没有将要说的观点组织好，往往是因为没有给大脑留下一个缓冲的余地，思考不成体系，也不够成熟，因此谈话时试着让嘴巴比大脑慢半拍，要先在大脑中过滤一遍你想表达的内容。

在这里，我们需要运用金字塔思维。金字塔思维是一种逻辑清晰、主次分明的逻辑思路，所表达的内容顺序：先提出观点，然后通过归纳和演绎思考论据，把论据找充分，对此进行详细解释，也就是层层递进，逐步展开。注意，每组表达的内容都属于同一范畴，并且每组内容必须按逻辑顺序组织。

一位领导在制定公司发展计划，并需要向所有人宣布时，都会提前列一个讲话大纲：

步骤一：一句话表达要传达的信息

我们今年的目标业绩是突破 500 万；
我希望在座的各位在未来五年内能够胜任高级管理职位；

步骤二：为了取得这一结果，你们需要知道

我们需要对市场进行更严格的控制和跟进；

在接下来的 30 天里，你们需要通过不断的学习提高自己；

步骤三：为什么你们应当在乎?

当员工为公司的发展竭尽全力，你们的薪水和待遇都将得到明显改善；

如果我们不培养下一代领导人，整个公司的稳定性将会破坏；

简言之，金字塔思维能够帮我们把问题想明白，把事情说清楚。

把每句话都说到点上

没有逻辑的人，常常说话不着边际、洋洋万言却切不中要害，就等于没说，等于白说。所以，说话要突出重点，切中要点，把每句话都说到点上。

在跟别人谈话之前，你要想一想：我最需要传达的是哪些信息点? 如何才能最简练、最有效地把这些信息点传达出来，尽可能过滤不必要的、重复性的信息。也就是说，你需要用最简洁，不重复的语言，表达最全面的信息量，让对方能够立刻领悟到：你传达的是什么信息，信息的内容是什么。

"王经理，刚刚客户李先生打电话说，因突发事情原定上午九点的会议需延迟，结合李先生的时间安排和我们会议室的使用安排，我建议把会议时间定在 15 点，您看可以吗？"

这样的表述简短地传达了重点内容，是不是清楚很多？

先说结果，再说问题

谈话中，我们经常站在自己的角度说话，而没有考虑，对方想听到的内容是什么，这就容易导致说出来的话没有针对性、没逻辑，这是许多人最容易犯的错误。

例如，当老板问"某个事情搞定了没有"时，很多人会脱口而出"我做了很多努力，我跑了十几个地方，花了多少多少时间，见了多少多少人……"或者"一开始怎么样怎么样，后来怎么样怎么样，再后来……"其实，老板最想知道的，并不是你做了哪些努力，也不是你有多么辛苦，而是任务有没有完成？什么时候能完成？

所以，不妨先说结果，再说问题。结果是什么？为什么会这样？接下来怎么做？这样的表述，可以有效传递最重要的内容，并通过逐步的引导，给出一个完整方案。

领导问："说说你这个月工作开展的情况？"

甲答："上个月我几乎四五天完成一份文案，第一份文案的客户是一家电器公司，主要用作产品宣传和推广，相对复杂些，但是已获得客户的认可；第二份文案比较容易，是一款主题海报，客户的意见是……"

乙答："我上个月完成了五则文案工作，其中两则文案已获得客户的认可，目前已经在客户公司内网以及两家门户网站发布，其中一则文案上线三天，关注人数已经突破一千人次……"

"我上个月做了1、2、3……"，甲的这种回答方式看起来有条理，但很容易让人有疲倦感，而且内容凌乱，甚至领导听了前面大段内容还是不明就里。而乙一开始就说了结论，领导会第一时间清楚他的工作结果，如果老板有时间听原因，那就补充，没有时间往下听，那老板也已经知道最重要的。

毫无疑问，乙的回答更清晰，更职业。

另外，说话的逻辑性需要用上合理的关联词，比如，首先，其次，很重要的一点是……这种语言表达方式会让别人感觉你的说话条理性。

当你能清清楚楚地剖析一件事情，观点明确，前后一致，说理严密，合乎逻辑，那你就可以随时让他人明白自己、接受自己，与他人建立良好的人际关系，继而同更多人合作、分享、共赢，不断创造属于自己的精彩，举手投足间都可以产生不可思议的力量。这，就是谈话所带来的力量。

风趣幽默，让每一次交谈都笑容洋溢

生活中，你是否有过这样的困惑——有些人明明其貌不扬，却比俊男靓女更拨人心扉，更受欢迎？有些人明明资历平平，可总有好运气、财富和名誉追赶他们，他们走到哪里都一路绿灯……这是为什么？这一切看似不可思议，实际上却暗藏着一个真实秘密——因为他们掌握了"幽默"这一谈话技巧。

卡耐基有句名言："关于沟通，除了词汇之外，最重要的就是'趣味'！"

的确，幽默是一种最有趣、最生动的语言。相信大家也都有这样的体会：和幽默风趣的人相处，我们会有一种轻松感、精神愉快，彼此气氛融洽，沟通起来更愉快，更愿意和他打交道；而和一本正经、不苟言笑又缺乏幽默感的人在一起，我们往往会感到压抑沉重，不自觉地"敬而远之"。

下面我们看看美国著名主持人穆哈米与明星雷利的一段幽默对答。

穆哈米曾主持了一场晚会，雷利作为主要嘉宾曾出席了这一活动。当时发生了这样令人动容的一幕，鬓发斑白、满脸沧桑的雷利拄着拐杖，颤颤巍巍地走上台来，很艰难地在台上就座。看到这样一个老人，人们会很自然地为他的身体担心，所以穆哈米开口问道："最近，你常去看医生吗？"

雷利慢吞吞地回答道："是的，我常去。"

"听说您身体一直硬朗，为什么要常看医生？"穆哈米好奇地追问。

"这个，很简单，"雷利回答，"因为病人常去看医生，这样医生才能活下去。"

台下顿时爆发出一阵阵热烈的掌声，人们为雷利风趣幽默的语言喝彩。

穆哈米接着问："我还听说你常去医药店买药，真的吗？"

"是的，常去，"雷利摊开双手，"因为药店老板也得活下去。"

台下又一阵掌声……

"你买那么多药，是因为你常吃药吗？还是别的原因，比如……"穆哈米又问道。

"不，我常把药扔掉，"雷利打断了穆哈米的话，"因为我也要活下去。"

穆哈米也被雷利逗乐了，转而问另一个问题："嫂子最近好吗？"

雷利耸耸肩："还是那一个，没换。"

台下的观众始终兴致盎然，笑声、喝彩声不断，气氛十分热烈。

穆哈米与雷利的三言两语，因为风趣幽默使人忍俊不禁。在一来一合的互动幽默中，二人不仅让现场气氛变得快乐、融洽，感染了在场的每一个人，而且在这样层层幽默的推进下，他们充分展现了自我的非凡魅力，也加深了彼此之间的感情——这，正是幽默能改善人际关系的魅力所在。

在任何场合，拥有良好幽默口才的人总会赢得他人的好感，获得众多的支持和理解。为此，你不妨谈话时风趣幽默一些，让每一次交谈都笑容洋溢。讲几个有趣的小笑话，运筹几句妙趣横生的言辞，引出一阵嘻嘻哈哈，不仅气氛和谐而轻松，而且深化了感情，更可以为日复一日的生活平添情趣。

也许现在的你已知幽默的妙处，却心有余力不足，不知道如何才能做到幽默，甚至悲叹自己生来就不是个幽默的人！殊不知，幽默并非某些人的独家专利，而是一门任何人都能掌握的语言艺术，可以通过不断训练加以培养。当然，这要求对规律性的东西进行总结，总结好后再加以运用。

突破常规

幽默之所以能逗人一乐，多是因为突破了原来的逻辑和思维定式，想象与实际之间产生了一种强烈的反差，从而引出了幽默的效果。

刘姗家里有一儿一女，两个孩子经常因争夺玩具而吵闹。这天，他们正因为一个玩偶熊争得不可开交，刘姗劝了半天也不管用。为了公平起见，刘姗的老公将孩子叫到跟前，建议说："谁最听妈妈的话，从不顶嘴，而且总是把妈妈交代的每一件事做得很好，这个玩偶熊就该给谁玩。"

两个孩子沉默了一会儿，异口同声地说："爸爸，这个玩偶熊应该给您玩。"

这则幽默突破了我们常规心理，因为按照我们正常的思维模式，这个玩偶熊不是给老大，便是给老二，总之是两个孩子中的一个。而实际的结果呢？却是给爸爸，因为爸爸"最听妈妈的话，从不顶嘴"，想象与实际的反差令人意想不到，幽默感油然而生。

一语双关

为了保证沟通的顺畅性，我们所使用的语言必须明确，一是一，二是二，不能朦胧模糊，不能任意转移或偷换。但幽默却可以超越这种理性规范，使人走出语词的限制，是一又是二，是二又是一。这种一语双关"话中有话"，可能会歪曲原有的思想，却会给听者留下全新的、趣味横生的印象。

1974 年美国总统尼克松因"水门事件"被迫辞职后，杰拉尔德·福特宣誓就任美国第 38 任总统，这是美国历史上唯一一个未经选举就接任总统的人。所以，大家普遍对福特的能力有所怀疑。在就职仪式福特发表了简短演说，当时有一位记者问福特，"您认为自己和林肯总统谁更好？"

"对不起，两者没有比较性"，福特回答说，"因为我是一辆福特，不是林肯。"

众所周知，"林肯"这个词语既代表美国很伟大的一位总统，又指一种最高级的名牌小汽车；而福特则是一种普通、廉价而大众化的汽车。福特说这句话，是谦虚地表示自己不如林肯总统伟大，但非常平民化，愿意和大众亲近！

福特的话刚说完，记者就会心地笑了，没有再追问下去。

"我是一辆福特，不是林肯"，福特这句话就是一种双关，幽默地表达出自己的态度，又极富情趣，使人玩味无穷。

以正导反

在正常的语言表达上，原因在前，结果在后，但这并没有什么稀奇，也不会带来幽默的笑声。而幽默要做的恰恰相反，它可以有意地绕开正面，而选择从反面寻找根据。从反面寻找根据，这是一种以正导反而产生的幽默，是一种通过语言的反差达到幽默的方法，显得谈话机智，又有情趣。

有一个人要去一所医院看病，可是他不认识路，只好就向周围的人打听。

"很简单",一个人回答道,"只要你闭上眼睛,走路不分红绿灯,过不了十分钟,你就会发现自己在医院里了。"

这个回答就是从反面来说的,意思是只要你出了车祸,保证能被送到医院去。虽然说这是从正面的问题里引出了反面的答案,却也完整地回答了最开始的问题,而且还造成了幽默的效果,令人不得不惊呼它的神奇和可笑。

断章取义

我们知道,凡事不能表面和片面去看待,与人谈话时也是一样。谈话中我们不能断章取义,孤立地取其中的一段或一句的意思。因为一个独立的语句,通常要放置在特殊的语境当中,才会有比较明确的意思。然而,幽默时适当地断章取义却并非不可,甚至称得上是一种高超的幽默技巧。

陆侃如是我国近代著名的学者,1935 年他在巴黎大学进行了一场精彩的博士论文答辩。当时陆侃如一路应答如流,理明词畅,主考官们都很满意。突然,主考提出一个奇怪的问题:"在《孔雀东南飞》里,孔雀为什么要东南飞,而不是'东北飞'?"凡是学过古文的都知道,诗文中很多方位词意义是虚化的,不可望文生义,其中"南"只是一种代指,但真要一本一实地回答,势必显得呆板。

陆侃如知道这是主管考有意为难自己,他稍稍思考了一下,灵机一动回答道:"因为'西北有高楼'。""西北有高楼"是《古诗十九首》中的名句,在这里"高楼"也并非实实在在的高楼大厦,只是作者幻想的一种景象。但陆侃如却假装一本正经地解释道："因为西北的楼实在太高了，孔雀飞不过，所以只好改道东南飞了。"听罢，主考官们莞尔一笑，纷纷称赞陆侃如幽默风趣。当然，最后陆侃如也顺利地通过了这次博士论文答辩，而且是以全优的成绩通过的。

孔雀为什么要东南飞，"因为'西北有高楼'"！这种解释原本是非常牵强的，是一种断章取义的做法，却出人意料地产生了神奇的幽默效果。

幽默的技巧千变万化，在这里展示的只是最常见、最常用的。当然，拥有幽默口才不是一件简单的事，平时你要多看幽默故事、机智故事、脑筋急转弯等，丰富自己的词汇，总结幽默的技巧，训练思维的敏捷性。长此以往，你就能让每一次交谈都笑容洋溢，走到哪里都深受欢迎。

言之有物，成功的谈话富有感染力

很多人都有这样的感受：在谈话过程中，无论自己怎么说，别人都提不起情绪。看着"死气沉沉"的对方，自己的情绪自然也越来越差，最后寥寥几语、一两分钟就结束了此次的谈话。为什么会如此？这是因为——你的谈话言之无物、空洞稀松，没有十足的感染力，自然无法吸引别人并引起共鸣。

在重要的场合里，当我们需要通过语言吸引别人时，却发现原来自己说得话并没有人愿意听，到那个时候已经为时已晚。

让我们来看这样一个案例：

孙雄在街区公园见义勇为，帮助一位大婶抓到一个小偷，因此被街道邀请参加讲演。孙雄这是第一次当众讲演，心里非常紧张，于是写了一份演讲稿，找到一个朋友帮他把把关。他是这么写的："各位街坊邻居，各位朋友，我昨天在街区公园抓住了一个小偷。这个小偷当时趁一位大婶不注意的时候，拎起她的包就跑，我立即追上去，把他抓住了，并立即把他送进了派出所。"

朋友看完后，哈哈大笑起来，说："就你这段文字，太苍白空洞了，有谁会喜欢听呢！"

"那该怎么说？"孙雄有些不知所措。

在朋友的帮助下，孙雄又重新写出了一份讲稿。

"各位街坊邻居，各位朋友，前几天我们街区发生了一件了不得的事情！你们知道什么事吗？我孤身一人，抓住了一个小偷。

我记得那是上午十点左右，我和好多人都在街区公园里休闲娱乐，一群大婶正随着音乐开心地跳着广场舞。突然，一个大婶惊叫道"我的包，我的包"，那声音大得把音乐都盖住了。当我正转身的时候，有一个人缩头缩脑地走过去，他的眼神四处瞟着，看起来神色匆匆。我仔细一瞧，他手里拿着一个包——我一下子就明白，那是偷包的人！说时迟，那时快，我像箭一样的冲过去……

我用手臂抓住了小偷的衣服，并奋力将其扑倒在地。小偷反身踢了我一脚，挣脱开了。那一脚踢得很疼，但我来不及多想，使劲抱住小偷的胳膊。这时，大家也都追了过来，围得像铁桶一样，小偷无处可逃了，最后只好束手就擒，乖乖地把偷走的包还给了失主。那位大婶高兴得直夸我，其实不用，大家都是街坊邻居，互助互助都是应该的，而且这也不是我一个人的功劳，大家都是'活雷锋'。"

顿时，台下响起了热烈的掌声。

孙雄的两份讲稿完全不同，第一个讲稿就像流水账一样，怎么可能获得听众的喜爱？而修改过的演讲稿获得了热烈的掌声，关键就在于言之有物，生动详尽，富有感染力。

谈话必须言之有物——对话料加工，充满精彩的语言，必须充满感染力。从听众的角度来说，丰富的话料容易诱发联想，唤起共鸣，使谈话的效果更为理想。

那么，这个"物"从何而来？

经常运用 5W 公式

所谓"5W"公式，就是 When（时间）、Where（地点）、Who（人物或特定对象）、What（具体发生的事件）、Why（原因或产生的结果）。充分运用好 5W 公式，将极大地提高我们的表达能力，使故事本身更显得真实生动，事例更显得具有说服力，显得有声有色，更能吸引听者的注意力。

结合自身经历和感受

想要言之有物，我们不妨"从我说起"，就是恰当地联系自身，讲自己亲身经历和切身感受，论述自己对事件的认识、见解和评价等，在语言中"植入"代入感，如此可以使自己的谈话内容更充实，更能说明问题，那么感染力就会大大提高。

孟先生在和朋友聊天，两人谈及"春运"：

朋友："春运是地球上最大的人类迁移，对于中国人来说，无论有多遥远，回家过年都是再重要不过的事情。"

孟先生："是的，我就曾经有过一次'死里逃生'的经历。那是去年春节，我和一大群人站在站台上等火车，当时人山人海，一片闹哄哄。火车停靠后，大家都拼了命地往里挤，我几乎没有怎么走路，就被后面的人挤进去了。对了，还有不少人从窗户爬了进去，即便这样，还是有很多人没有上得了车。不过，这也是春运期间的一种特殊现象，平时火车站的运行还是挺有序的。"

孟先生用自己的所见所闻描述了春运的"恐怖"场景，有内容，有见解，是不是比朋友的话语更吸引人？

话料必须实事求是

谈话需要丰富的话料，但这些话料必须保证翔实准确。那种对话料任意加工，添枝加叶，主观臆想，随意引申，或者把道听途说、支离破碎的信息拿来拼凑当作话料的做法，是绝对不可取的。例如在对转基因不了解的情况下，却大谈特谈转基因的种种，是不负责任的表现，怎么可能获得他人喜爱？

以上方法只要能灵活运用，你的话语就能富有感染力，从而达到想要的谈话效果。

言必信行必果，吐口唾沫都得变成钉

一个商人渡河时，很不幸船翻了，他掉进了河水中，大声呼喊救命，并许诺如果谁愿意救自己，就给对方 50 两影子。一个渔夫闻声过来，可当他把商人救上岸后，商人却翻脸不认账了，他只给了 5 两金子。渔夫责怪商人说话不算数，商人却不以为然，还埋怨渔夫不知足，说完便走人了。

结果又有一天，商人很不巧又翻船了，他在水里哀号求救，许诺谁救了自己，就给对方 100 两银子。上次救他的渔夫冷漠地将船摇了过去，停在一边。有人欲救，渔夫摇摇头说："这就是上次那个答应给 50 两银子却给了我 5 两银子的人。一个人如果言而无信，救了也是白救。"

就这样，商人淹死了。

看完以上这个小故事，你是不是会笑话或者鄙视这个商人，因为他说话不算数，太不诚信了。也许有人还会说"像这样的人，惩罚惩罚他也好？"可是当我们在笑话和鄙视这个人的时候，有没有想过自己说话是否算数？在别人的心目中，自己是否是一个言必信行必果的人呢？

什么是诚信？诚，即真诚、诚实；信，即守承诺、讲信用。诚信就是说到的话，一定要做到。别人和我们交往时，首先要考虑的就是我们的可信度，如果一个人信用不良，失信于人，说话不算话，许下的承诺不兑现，也就丧失了做人最起码的品质，那么又有谁愿意和你打交道呢？

有句话说"大丈夫生于天地之间，就要顶天立地，就要言必信行必果，就是吐口唾沫都得变成钉。"做人，一定要把"诚信"当成人生第一要义，有"君子一言，驷马难追"的魄力，说话算数，说到做到。答应过别人的事，一定要不折不扣地履行，别让誓言成为空谈，别让承诺成为欺骗。

乔治·巴顿是美国著名的军事统帅，他邮寄香烟的小事广为流传。

第二次世界大战期间，有一次巴顿将军参加盟军的一个高级军事会议。会议时间很长，巴顿抽光了自己随身携带的雪茄烟，便向身后的海军助理乔治·布彻中校借烟。布彻很敬重巴顿，大大方方地将烟盒放在桌上，请他随便用。谁知，巴顿的烟瘾特别大，一支接一支，将布彻的烟都抽光了。

会议结束后，巴顿一本正经地对布彻说："谢谢你！烟的味道真是好极了，以后我一定会给你回寄一些烟。"布彻中校笑了笑，他想：巴顿将军肩负重任，日理万机，怎么可能会抽时间会给自己寄烟呢？而且小小的一包烟又没有什么。所以，他一直没有当真，渐渐地早已将巴顿要寄烟的事情忘了。

没想到几年后的一天，布彻中校突然收到一箱上好的雪茄烟。原来，巴顿当初忘记问布彻中校的具体地址，当他好不容易才打听到布彻的地址后，立刻就把烟寄来了。布彻十分感动，想不到巴顿随口说的一句话，竟然能认真兑现，他逢人就夸："巴顿将军是个可以信赖的人，我很尊敬他。"

一箱烟微不足道，可这件事为什么广为流传呢？因为言必信行必果，这是人格的魅力。

言必信行必果，不仅是指许诺别人的事情要努力做到，不失信于人。而且，意味着不说假话、大话，不乱开空头支票。在实际生活中，有些人喜欢信口开河，或许他根本就没有把诺言放在心上，或者时过境迁他们就把事情给忘记了，但是说者无心听者有意，别人却会记在心坎上。

还记得有这样一个小品：

一个年轻的小伙子为了在单位里出人头地，他在单位吹嘘说自己在铁路部门说自己能够弄到火车票，他经常和人说："有事您说话，只不过是小事一桩。"

有同事信以为真果，真找小伙子弄火车票，但是小伙子自己有几两重他自己心里清楚，他只是随口一说，谁想别人当真了，真的要找他要火车票，他没有办法他只能夜里排队去为人买火车票，有时排不到甚至自己贴钱买高价票。结果托他买票的人越来越多，把他逼上了死胡同，弄得自己狼狈不堪。

后来经理上门要求小伙子帮公司联系关于火车皮的问题，这个忙就是打死小伙子，他也办不到。可是他打肿脸充胖子，还是随口说了一句："没问题，有事您说话。"结果废了九牛二虎之力，也没有给人把事情办成，弄得自己颜面全无不说，还耽误了经理的事情，最后成为一个轻诺寡信的人。

小品当中的这个小伙子总是轻易对别人许下诺言，事实上他并没有那个能力，也许一次两次能够费劲的帮人把事情办成了，可是慢慢的人越来越多，他怎么能不失信于人呢？这无异于是弄巧成拙，不但没有给自己树立任何威望反而失信于人，让自己和别人的关系弄得更差，真是自讨苦吃。

古人云"轻诺者，必寡信"，在做出承诺的时候，我们要本着负责的态度，确认自己一定能够做到的事情才可以承诺，千万不可胡乱向别人许诺。即使自己能办的事情，也不要斩钉截铁地拍胸脯，要学会使用"尽力而为""尽最大努力""尽可能"等有较大灵活性的话，给自己留有一定的回旋余地，以免遇上某种变故，让本来能办成的事没能办成，变成别人眼里言而无信的伪君子。

当然，这种留有余地不是给自己不努力寻找理由，自己必须竭尽全力去实现诺言。如果尽了全力也没能实现诺言，那么一定要及时地、诚恳地向对方说明实际情况，争取获得对方的理解，将事情的负面影响降到最低。

总之，谨慎于自己的言语，明白每句话语之后都有一份责任的守候；严格要求自己的行为，对自己的言语负责。无论你能力优劣，无论职位高低，都会为大家所信赖与依靠，并以此成就自己的威信与地位。

CHAPTER 05

说好关键第一句，
瞬间拉近心理距离

初次见面的第一句话，是留给对方的第一印象。说好第一句话，获得对方好感，下面的事情就好办了。这就需要我们提前做好准备，做到有的放矢，一句话让对方倾心和沉醉，开创一个融洽、热烈的交谈局面。情热而语妙，纵使萍水相逢，也会一见如故。

💬 初次交谈，就要一语定乾坤

任何一场战争，如果能够在一开始就抢占先机，那么获胜的几率就会大大提高。这是因为最初的先机能够让你掌握主动权，有足够的时间和精力来应变各种问题，并且在气势上和战斗力上都压倒对方。

或许有人会说，历史上不也有很多开始处于劣势，之后反败为胜的例子吗？没错，这样的战例有很多，也成了历史上的经典。然而，哪一场反败为胜的战例不是赢得异常艰难，不是付出了惨痛的代价？因此，我们得出了这样一个结论：想要赢得精彩、轻松，就必须有一个好的开始，抢占先机。

与人谈话，也是如此。我们想要和对方进行良好的谈话，瞬间拉近彼此之间的距离，就必须开一个好头，第一句话就给对方留下良好的印象。一旦我们不能说好第一句话，那么对方就会产生极强的戒备心理。这时候，我们就处于劣势了，之后即便想尽办法，说出再好听的话，恐怕也无法扭转局面。

朱明刚刚大学毕业，成为一家销售公司的客户专员。最开始的时候，他对于自己信心满满，相信通过自己的努力肯定会做出一番好成绩。可过了一段时间后，他就失去了这样的信心，开始怀疑自己的能力，因为他总是被客户拒绝，没有成功地说服一个客户。

不得已，朱明找到了部门主管，述说着自己的苦恼和困惑。他对主管说："主管，我们和客户交谈的时候，是不是有什么秘诀啊？为什么我总是被拒绝，很多时候我刚说了一句话，就被对方拒之门外了？"

主管笑着说："你不用着急，很多刚入行的职员都有你这样的困惑。不如你把自己和客户交谈的情况说一说，我来看看你究竟存在什么样的问题。"

听主管这样说，朱明立即说起了自己拜访某一客户时的经过："昨天，我拜访了那位客户，一进门就非常客气地说：'先生，您好！不好意思，周末还打扰您！请问，您现在有时间吗？我想……'可是我的话还没有说完，就被他拒绝了，他说：'不好意思！我现在没有时间，马上有急事需要处理。你下次再来吧！'"

朱明说完之后，主管问："接下来，你就离开了？"

朱明无奈地说道："对啊！对方已经表明没有时间了，我怎么还好意思打扰下去呢？"

主管笑了笑，说道："其实，你这次拜访之所以失败了，是因为你第一句话就说错了！"

朱明不理解地问道："为什么？"

主管说："首先，从一开始你就把自己放到了被动的地位上，认为拜访对方是对对方的打扰，而不是给对方提供帮助。最重要的是，你的第一句话给了对方拒绝你的理由。当你说'你有时间吗'的时候，对方自然就会说'没有时间'

了。因为所有人对于自己不了解、不熟悉的人，都是存在排斥心理的。"

听到这里，朱明立即好奇地问道："那么，我应该怎么说第一句话呢？"

主管说道："这个问题非常简单，只要你换一种说法就可以了。你可以说：'先生，见到您非常高兴，祝您周末愉快。'听到了这样的话，哪个人内心不高兴？即便是想要拒绝，也不好意思了！接下来，你要立即说：'请您给我三分钟时间，可以吗？'这时候，对方已经不那么排斥你了，即便就是忙，也不忍心拒绝你的三分钟请求了！"

朱明兴奋地说："原来，说话还有这么多学问啊！"之后他按照主管的建议去做了，结果与他人的交谈果然顺利了很多。

没错，第一句话直接决定了你谈话的成败，因为第一句话决定了对方对你的好感度和认同度。朱明之前的失败就是因为他没有说好第一句话，没有赢得对方的认同感。这一句"不好意思，周末还打扰您！请问，您现在有时间吗？"别人会立即想："明明知道是打扰，你为什么还要来呢"，于是疏离感就这样产生了，还立刻让人产生了反感和排斥感。这样一来，谈话的大门就等于关闭了，即便他没有离开，那么后面的话说得再漂亮、再有道理，恐怕也很难打动对方。

而主管的建议听起来就好多了，虽然只是稍微变了一下说法，可效果完全不一样。这一句"见到您真高兴！"一下子就拉近了彼此之间的距离。这相当于对对方的一种恭维，会让对方心情变得愉快。这样一来，朱明就会给对方留下不错的印象，接下来的谈话自然就会变得顺利很多。

在与人初次谈话时，第一句话至关重要，它往往决定了谈话的成败，可谓"一语定乾坤"。如果你想要赢得对方的欢心，使得谈话顺畅地进行下来，就设计好一句巧妙的开场白吧！

💬 寒暄到位，瞬间把陌生人变成熟人

初次与人谈话，我们是直接进入主题，还是先聊一些别的话题，活跃一下气氛呢？

显然，在谈话双方彼此还不算熟悉的情况下，直奔主题并不是很好选择。因为你们的心理隔阂还存在着，所有人都不能做到畅所欲言，都会觉得有些不自在。这样一来，谈话的气氛就难免变得尴尬，即便双方都有心好好交谈，因为顾虑的太多，谈话只能流于表面，很难顺利地进行下去。可是，在进入主题之前，如果双方能够寒暄一番，谈一些其他话题，结果往往就大不一样。

事实上，很多谈话都是从寒暄开始的，恰当的寒暄不仅可以打破初次见面的尴尬和疏远感，还可以让彼此找到可以聊得开的话题，让交谈的气氛更加活跃起来，从而拉近彼此之间的距离。疏离感消除了，心理距离拉近了，那谈话自然就会顺畅得多。

可以说，寒暄是人与人交谈的润滑剂，寒暄到位的话，可以突破陌生关隘，让不相识的人迅速熟悉起来，从而为双方搭

建一个良好的谈话桥梁。

初次见面互相恭维可以说是人际交往的礼仪，这样的开场可以让对方感到自己受到了尊重和重视，能使对方心情愉快、感觉良好，从而对对方产生一种亲切之感。所以很多善于谈话的人，通常用这种方式来和别人寒暄。

比如，见到了事业有成的人，他们往往会这样说："您就是张总吧？真高兴见到您！我听很多朋友都提到您的大名，事业做得有声有色！"

再比如，见到一位普通的人们教师，他们也会恰到好处地恭维，"原来您是辛勤的园丁啊！我从小就想要成为一名教师，可惜没有能如愿啊！见到您，真的太高兴了……"

当然，我们还从对方的衣着、身体、工作、家人等方面来展开话题。比如可以说："你这件衣服很漂亮，穿起来非常显气质！""你的那篇文章我有幸读过，写得真不错！"

不过，我们要记住运用恭维的方式进行寒暄的时候，一定要注意说话的尺度和方式，要把赞美和恭维说得恰到好处，尽量避免使用"久仰大名""如雷贯耳"等过头话。否则不仅不能博得对方的好感、拉近彼此的距离，还可能引起对方的反感，认为你是夸大其词、油嘴滑舌之人。

除了恭维和赞美式的寒暄，主动攀谈也是不错的方法。人们常说，世界上没有真正的陌生人，任何两个人之间，都能找到相互的连接点。很多人脉关系专家就曾经提出过一个"小世界理论"，也就是说，只要通过六个人你就能够认识任何一个陌生人。

早在三国时期，鲁肃就通过这样的方式，拉近了与诸葛亮之间的距离。赤壁之战前夕，孙权想要联和刘备一起抵抗曹操，便派出鲁肃作为联络人。虽然鲁肃接受了这个任务，可却苦于找不到和对方熟悉的人。这时，鲁肃想到了诸葛亮的哥哥诸葛瑾，两人同在东吴为官，有不错的交情。

于是，鲁肃第一次与诸葛亮见面，就寒暄地说："我是子瑜（诸葛瑾的字）的朋友啊！"一下子，鲁肃就和诸葛亮攀上了交情，拉近了彼此之间的距离。

攀认式寒暄虽然有些攀亲道故的味道，但是拉近彼此情感的最佳方式，真的是一种聪明的方法。因为人与人之间的谈话，很多时候都是情感之间的交流，只要情感上的距离感消失了，那么交流就没有任何问题了。

生活中，我们完全可以利用这种方式来寒暄，消除彼此的陌生感，增进彼此之间的感情。比如，"听过你是 XX 学校的，我也是那里毕业的，只是比你晚几年。说起来，我是你的学弟呢！"这同一个学校、学长学弟的情谊很自然地就把彼此的关系拉近了，增加了双方的亲近感。

再比如，"你是王老师的学生啊！他是我的叔叔，我们真的很有缘啊！""听说您的家乡是 XX，我在那里上的大学。"

很多时候，一句看似毫不相关的寒暄，却可以起到意想不到的效果。所以，与人交往的时候，尤其是与陌生人第一次谈话时，千万不要忽视了开场的那几句寒暄。寒暄到了位，并且说得漂亮得体，那么你就会瞬间赢得别人的喜欢，从陌生人真正过度到了熟人，促使谈话更好地进行下去。

💬 热情开口，第一时间调高"听众"情绪

美国的社会心理学家哈特曼曾经做过一个关于选举的实验，在选举之前他把竞选的宣言以理性思辨和感性的辞藻语句两种方式准备两份，但内容完全相同。之后两份宣言同时印发传播，结果统计之后发现选民绝大多数都投票选择了充满感情的那边。

可见，人虽然有理性支撑，但仍旧是感性的动物，任何时候，以情动人都会比讲道理更直接有效。谈话亦是如此，在漂亮的开场白中，热情大方的谈话方式至关重要。因为它可以体现出谈话者的自信和勇气，并且迅速地感染对方的情绪，使得谈话的气氛变得轻松愉快起来。相反，如果一个人说话的时候目光呆滞、面无表情、反应迟钝，只会说是与不是，那么就会让人觉得和你交谈没有乐趣。

瑞恩是一个专业的理财师，他的理财能力很强，但却始终无法和所要交谈的对象沟通。瑞恩懊恼地说："没有人愿意听我说话，我不知道我是否还适合这个职业。"

瑞恩是一个很理性的人，情绪不外漏，说起话来声音很沉闷，看起来一副生无可恋的样子，面对自己的客户也是一样。发现这一问题后，导师决定帮助他，告诉他："在你的话语中，别人感受不到丝毫的热情，如此状态，你怎能奢望他人回报给你热情呢？"

瑞恩一脸茫然，导师给了他一个相对简单的题目，然后

让他一个人在一边冷静一会儿，反复思考自己的题目，直到对题目产生热情：纽约的"遗嘱公证法庭记录"显示，80%的人去世后，没能给自己的亲人留下哪怕一分钱，而这些人中的25%，竟然给亲人留下了债务。所有的纽约人只有不到4%的人留下了一万美元以上的财产。

瑞恩如同反省一样思考着，很长一段时间过去了，他突然高兴地对导师说："老师，我明白了，我所做的工作，不是去祈求他人的施舍，或者要求他人做他们根本做不到的事情。我是在替这些人着想，为他们的后半生打算，等他们年老之后，可以过上衣食无忧、舒适安逸的生活，并且还可以为他们的亲人留下安全的保障。"

导师微笑地看着瑞恩，只见他眼中闪烁着光芒，继续说："我做的是一项了不起的事情，是在为整个社会服务，我必须把自己当作是打破传统观念的斗士。"

导师拍拍瑞恩的肩头说："从这一刻开始，你是一名合格的理财指导师了。你的热情足可以感染每一个人，我相信人们都愿你按照你所说的去做。"

后来，瑞恩成功了，他的客户层次越来越高，在很多人眼中，瑞恩就是成功理财的代名词，人们都甘愿被他那充满激情和信念的语言感染着。

与他人沟通，不能只做陈述事实的讲话者，而要第一时间调高"听众"的情绪。情绪是打开一件事情的金钥匙，如果没有高情绪"听众"的配合，即便是苏格拉底、柏拉图转世复活，也没有办法与他人达成共识。只有将自己的情绪感染给对方，才能通过改变对方的情绪来改变对方的想法。

有一句话说："热情开口，就必然成为使别人屈服的第一流演说家。"

拉里·金是美国有线电视新闻网著名的脱口秀主持人，他在节目中总是以饱满的热情主持，喜欢与人互动交流，善于煽动气氛，这使得他在众多主持人中脱颖而出，受到观众的高度关注和热情追捧。关于成功经验，拉里·金总结说："谈话时必须注入感情，表现你的热情，让人们能够真正地验公享你的真实感受。""投入你的感情，表现你对生活的热情，然后，你就会得到你想要的回报"。

当你表现得热情大方，人们才会感到精神放松，更愿意说出自己最真实的想法。因此，初次见面时，不管和任何人交谈，我们都应该学会热情地和对方打招呼，并且注意自己说话的态度，这可以显示我们自信和勇气，并且第一时间给对方留下好的印象，为进一步的谈话奠定良好的基础。

💬 一个人"品德"好不好，看"口德"

有人说："绝大部分人没有时间去了解你，所以你给他人留下的第一印象就至关重要了。如果你给人的第一印象是好的，那么你才能有可能与其进一步的交流和发展；可如果你不能给人留下好的第一印象，那么就很难交谈下去了。更为重要的是，你之后将会花费更多的时间和精力却抹去糟糕的第一印象。"

　　这句话说得一点都没错，在与人谈话的过程中，第一印象是非常重要的，它直接关系到你是否受人欢迎，乃至人际关系的好坏。而除了我们的仪表、服饰、姿态之外，优雅的谈吐和文明有礼的话语则是最关键的，它直接决定了你是否能够给人留下良好的第一印象，你的话是否有人愿意倾听。

　　也就是说，一个人说话文明有礼，并且有些优雅的谈吐，那么在短短几秒之内就可以给别人留下好的印象，赢得别人的喜欢；如果一个人满口脏话，言行举止都非常粗鲁的话，那么很快就会被别人厌烦。即便他再有身份、再有能力，恐怕也不会有人愿意和他交往，和他们成为朋友。

　　陈明是一个年轻的小伙子，年纪轻轻就开了一家货运公司，可以说是年轻有为、事业有成吧。可眼瞅着陈明已经快到了而立之年，还没有找到合适的女朋友。一位长期合作的客户见他踏实肯干，有事业、有能力，便给他介绍了妻子的一个表妹，希望两人能够喜结连理。

　　陈明和女孩在见面之前，通过微信聊了几次。女孩是一位办公室文员，文静可爱，长相也非常不错，所以陈明对女孩非常满意，而女孩也觉得陈明不错。于是，两人便约好了见面的时间和地点，好进行进一步的了解。

　　这一天，两人约好了上午 10 点在某一咖啡厅见面。出于礼貌，女孩早到了 10 分钟，可陈明却迟到了 15 分钟。第一次见面就迟到，本来就给女孩留下了不好印象，可陈明却没有丝毫的歉意。陈明一坐下来，就大声地叫来了服务员，说："服务员，给我来一杯冰水。"喝完了水之后，陈明才对女孩说："你早就到了吧！我就比较不顺了，堵车堵了半个多小时！真是倒霉！"之后还说了一句脏话。

一听这话，女孩之前对陈明的好感全部消失了，她没有想到陈明竟然是这样没有礼貌和谈吐的人。随后，女孩只是静静地坐着，没有说一句话，不管陈明说了多少有趣的话也无法引起她的兴趣！

或许陈明本身比较随性，不拘小节，或许他并没有什么不良的行为，可是这样缺乏文明和谈吐的言行举止却给女孩留下了很糟糕的第一印象。结果也可想而知，女孩回去之后，就和介绍人表达了自己的拒绝，并且删除了陈明的联系方式。

与人交往中，尤其是与陌生人交往中，最忌讳的就是不文明的言谈和不优雅的谈吐。而满口脏话就更是令人厌烦和难以接受了。不管是在任何场合，没有人喜欢这样的人，因为言谈举止不仅仅是代表着你的形象，更代表你的内在的涵养和气质。一个人"品德"好不好，看他有没有"口德"。

一般来说，与陌生人第一次会面，我们应该简单而礼貌地和对方打招呼，说声"你好""上午好"，或是"很高兴和你见面"；如果你迟到了，一定要向对方表达自己的歉意，说明迟到的理由。其实，如果陈明如果能礼貌地和女孩问好，并且真诚地说："非常抱歉，因为路上堵车，我迟到了！真是对不起！"相信女孩对他的印象就不会那么糟糕了。

同时，我们还要尊重对方，说话不要太随意，更不要大大咧咧的。陈明第一次和女孩见面，第一句话不是和女孩问好，而是直接大声叫服务员，说话更是过于随意。女孩感觉不到陈明对自己的尊重，自然对他也不会有好感。

总之，文明有礼是一个人自身形象的体现，更是一个人涵养和气质的体现。它看起来是一件小事，却直接影响着别人对我们的印象和看法。所以，我们不仅要锻炼自己的说话技巧，更要学会文明有礼、谈吐优雅，第一句话就给人留下好的印象。这样一来，才能让别人乐于与你交往。

漂亮的开场白，让你在面试中脱颖而出

说好第一句话，可以给人留下好印象，让谈话的气氛更加融洽。不过，现实生活中，还是有很多人不懂得怎样说好开场白，尤其是在面试的过程中，不知道怎样能迅速吸引面试官的注意。以至于很多人明明能力不错、学历突出，却因为没有一个好的开场白，而失去了大好的工作机会。

何鑫就是因为没能打好这"第一枪"，在第一关就被PASS掉了。

这天，何鑫来到一家不错的公司面试，这家公司在业内比较出名，而且员工待遇非常好，所以何鑫非常重视这次机会。于是，他提前几天做好了充分准备，还特意写好了开场白。

当面试官让何鑫做自我介绍的时候，何鑫赶快调整好自己的情绪，说："面试官好，我的名字叫何鑫，今年24岁。能够获得面试的机会，我感到非常的荣幸。我大学的专业是自动化，大学四年的时间，我努力学习，不断地充实自己，获得了很多奖学金……"

就这样，何鑫滔滔不绝介绍着自己的专业、特长，以及在学校取得的成绩。足足过了三分钟之后，何鑫才说到了大三的基本情况，而此时面试官的脸上则显露出不耐烦的神情。当何鑫想要继续说的时候，一位面试官打断了他，笑着说："你说的这些内容，在你的简历上都有表现，我们也有了初步了解。现在，我们想要问一问，你还要其他的想法吗？比如自己应聘的职位、我们公司？"

何鑫没有想到面试官会打断自己，难免有些紧张和不安，所以之后的问题也回答得非常糟糕。结果，面试官很快就结束了这次面试，并且对他说："这次的面试就到这里吧！如果有进一步的消息，我们会通知你的！"

虽然面试官这样说，可是我们都知道，何鑫已经被淘汰了，从他滔滔不绝且毫无新意地介绍自己的时候，这份工作的大门就对他关闭了。因为他的开场白实在是太冗长拖沓了，没有一个面试官会有耐心听这样的自我介绍，就更不用说激起对方的兴趣了。

可以说，一个漂亮的开场白，对于一个求职者是非常重要的。那么，在面试的过程中，我们应该怎么开场，才能给人留下好的印象，并且为自己赢得一份好工作呢？

我们应该明白，一个漂亮的开场白不能只有一个简单的自我介绍，而是应该迅速地让对方对你产生兴趣，对你产生好奇心。因为面试官每天要面试上百个求职者，如果你只是简单地说出姓名、专业、有什么特长，那么很难给面试官留下什么印象，就更别提吸引面试官的注意力了。但是，如果你能够激起面试官对你的好奇心，那结果就不一样了！

　　一位乖巧的女孩子参加了一个公司的面试，而她的开场白就显得有些别出心裁。一进入办公室，她就恭敬地给面试官们鞠了一躬，然后大方地说："面试官好，我的名字叫顾特梦。大家是不是觉得我的名字比较奇怪，其实很多第一次见我的人都有这样的感觉。那么，面试官想知道我的名字为什么这么奇怪吗？"

　　听了这个女孩的话，面试官的兴趣也被激起了，其中一位面试官笑着问道："那你就说说吧，你这个名字是怎么来的？"

　　女孩接着说："其实，这与我爸爸有很大的关系。我爸爸是一位中学英语老师，一辈子都在与英语打交道，所以就连给我取名字都离不开英语。我刚刚出生的时候，旁人一连说了好几个"好""不错"，这给了我爸爸灵感，于是便取了 GOOD 的谐音，希望我以后的人生越来越好。"

　　听了女孩的话，几位面试官都笑了。见自己的话打动了几位面试官，女孩又继续说："从这以后，我的人生就和英语有了不解之缘，之后还考上了北京外国语大学。相信，它还会对我的人生起到重要的影响，因为今天我面试的职位是英文翻译，而咱们公司则是业内最著名的翻译公司……"

　　显然，这个女孩的自我介绍给考官留下了深刻的印象，她从自己名字的奇特之处入手，向面试官们提出了问题，引起了对方的好奇心，之后再通过爸爸给自己取名字的事情吸引了对方的注意。这样的开场白怎么能不吸引人，怎么能不让她在面试中脱颖而出。再加上她拥有出色的能力，所以非常顺利地获得了这份工作。

有位哲人说过这样一句话："你创造第一印象的机会永远只有一次！"的确，在面试的时候，如果你能利用自己的口才和智慧迅速地说好开场白，给考官留下一个令人难忘的印象，那么你就可以在面试中脱颖而出，并且轻而易举地获得一份心仪的工作。

所以，在面试的过程中，我们千万不要忽视了开场白，更不要呆板地介绍自己，否则很可能会和自己心仪的工作失之交臂。

CHAPTER 06

践律蹈礼，
给交谈注入高雅的格调

谈话不是简简单单的聊天，它既能考查出说话者的能力和水平，又能折射出说话者的人品和境界。因此，我们要勤记善想，践律蹈礼，揣摩寻味，高度重视对语言的把握和锤炼，给交谈注入高雅的格调。否则，学了一堆技巧，终究只是花架子，中看不中用。

谈话大师都是没有架子的

谈话的时候，你有"架子"吗？尤其是春风得意的时候，尤其是身居高位的时候。"架子"代表一种高高在上的优越感，一种高人一筹的自信。有人认为，自己是出类拔萃的人才，比其他人相对要成功一些，职位一般也比别人高，说话时摆摆架子无可厚非。殊不知，这会严重破坏你的亲和力。

"我们单位的领导，一个芝麻粒大点的官，架子倒摆得不小。讲起话来拿腔拿调的，真让人受不了。"

"我一个同事自以为自己有本事，话里话外从不把人放在眼里。"

……

在现实生活中，我们经常会听到类似上面这样的议论。

可见，"架子"虽可以显示一个人的地位和权势，但你若是过分以自我为中心，别人未必会因此而尊敬你，反而会对你嗤之以鼻，敬而远之。

亲和力是一种人格魅力，它可以产生巨大的凝聚力，转化为强大的影响力和行动力。而谈话的力量，不是建立在别人敬畏的基础上，而是建立在别人信服的基础上。具体来说，就是说话不摆架子，不装腔作势，而要通过亲和的话语让他人感受关爱，如此往往能达到以德服人的目的。

米娜在一个杂志社做编辑工作，主编是五十来岁的高姐。

每天一到杂志社，米娜都能见到高姐带着一脸的微笑，并且和每一位编辑，美工乃至勤杂工打招呼。

有时，米娜如果遇到什么问题向高姐汇报或请教，高姐也总是微笑着，身体微微前倾，认真地听完话后，以感激的口吻说"辛苦了！"，或者以商量的口吻说"你看这样会不会好一些"，所以米娜每次从高姐的主编室出来，心里都是暖暖的，哪怕是有些建议没有被采纳，她也可以从高姐那儿得到一句让人心暖的话："这个主意不错，只是还不成熟，让我们一起再好好斟酌下。"

高姐说话不摆架子，亲和的姿态让米娜如沐春风，也赞赏有加，逢人便说自己遇到了一位最值得尊敬和追随的好领导。

另外，在这个大环境里，每个人都是个体，但每个人都需要群体，很多时候我们的谈话都是代表着某个团体去达成某种目的，对任何人都亲和有加那是一种个人魅力，对不相干的人冷眼相待，对需要谈话的人亲和有加，那就是虚假，任何时候都不要区别对待，因为你永远不知道谁是那个相干的人。

某品牌对自己公司的服务进行调研，调研组的李小姐装作忘记维修电话打电话给品牌销售部。公司的一个客服人员接了电话："您好，这里是 XX 销售部，请问有什么可以帮您的？"虽然内容没错，但客服小姐那傲慢的语气却从电话里传了出来。于是，李小姐说道："是这样的，我的手机坏了，所以我想咨询一下应该要打给谁。"

"这种事找维修部，我们这里是销售部，刚跟您说了。"客服小姐的声音听上去很不开心的样子。李小姐只得继续说："那么您能把销售部的电话给我吗？"

"对不起我们是销售部，不负责服务。"

"那请问服务部的电话您这边能告诉我吗？"

"……您等一下……"客服小姐拖着长音答应了，然后听筒里一阵翻阅的声音以及客服小姐和同事抱怨的声音传到了李小姐的耳朵里。在得到维修部的电话号码后，李小姐挂掉了电话。第二天，公司辞退了接电话的客服人员，客服非常不服气，找李小姐来讲道理，李小姐心平气和地说道："虽然你不是客服部的，但是销售部的客服人员，在客户咨询的时候，不管是不是你职务范围内的事情，你至少应该拿出热情真诚的态度，而我，在听你说第一句话的时候就已经感觉到被拒之千里之外了。"

谈话不仅仅是一种语言，更是一个过程，在谈话的过程当中，我们的反应和态度都会给人一种感觉，如果我们端着架子，那么对方自然不愿意与你深谈，即便对方的社会地位没有你高，你也应该放下架子，就如同我们看到那些成功人士一样，很多人站得越高越亲和，那才是骨子里的涵养。

有一次，汤姆受邀去赴宴，对方一直想和汤姆进行商业上的合作，于是见到汤姆之后，接待方一直赔着小心，但这样反而让场面有些尴尬，总是热络不起来。到了用餐的时候，因为汤姆身体肥胖，坐下的瞬间餐椅发出了"咔咔"的声音，然后折断了，这样一来整个场面都要僵住了，接待人员不断地跟汤姆这个成功人士道歉。

汤姆并没有生气，而是笑着说道："小港湾要停下万吨巨轮还真是困难，下次我再来给我定制一张铁皮的专属椅子吧。"就这样，一场尴尬被化解了。

所谓的架子这种东西是虚无的，你在意它就有，你无所谓它也就不存在，端着架子只能把谈话对象推得更远，想要拉近距离，就要放下架子。即便你接待的人级别没有你高，但对方仍旧代表着一件事，或是一个团体。扔掉无谓的架子，凭借自身的亲和力去吸引别人，谈话自然也就会顺利。

💬 比好好说话更重要的，是好好倾听

人类生存离不开沟通交流，很多人会认为说才是最关键的。在谈话中，很多人都习惯了滔滔不绝地表达，顾着自己的目的侃侃而谈，借此希望让别人同意我们的观点，结果往往导致别人对自己的疏远、厌恶、抵触等，甚至会形成各说各话的情景，最终会因为话不投机而终结交流。

对此，哥伦比亚大学校长尼古拉斯·巴特斯博士说，"只谈论自己的人，所想的也只有自己。这是不可救药的无知者，他没有受过教育，不论他曾上过多好的学校。"

所谓的谈话，是两个人或者多个人之间的一种语言交流，自然有来有往。在这个过程中，不能所有人都说，有说的就得有听的。说的能否说好，听的能否听好，都决定着谈话的效果。

皮特是他所在朋友圈中最受欢迎的男人，无论他走到哪里都很受喜欢，经常有朋友请他参加聚会、共进午餐。当他在生

活和事业上遇到困难时，也总有许多人愿意给予他帮助，这令朋友汤姆很不能理解。

这天，汤姆和皮特一起参加一次小型社交活动。席间，他发现汤姆正在和一个漂亮的女士坐在一个角落里交谈。汤姆还发现，那位女士一直在说，而皮特好像一句话也没说，只是有时笑一笑，点一点头，仅此而已。他们聊得非常愉快，那位女士还几次主动邀请皮特一起跳舞。

活动结束后，汤姆问皮特："那个女士真迷人，你们以前认识吗？"

皮特摇摇头说，"今天是我第一次见她，是别人介绍我们认识的。"

"是吗？"汤姆明显有些惊讶，"她好像完全被你吸引住了，你是怎么做到的？"

皮特笑了笑，语气中掩饰不住喜悦："很简单，我只对她说：'你的身材真棒，你是怎么做的？平时是注意保养，还是喜欢健身？'她说她每周都去健身房，'你能把一切都告诉我吗？'我问。于是，接下去的一个小时她一直在谈健身的事情。最后，她要了我的电话，她说和我聊天很愉快，还说很想再见到我，因为我是最有意思的谈伴。但说实话，我整个晚上没说几句话。"

看，这就是皮特深受欢迎的秘诀。有一句话说："如果你要想使别人对你感兴趣，那么首先就要对别人感兴趣。"人们总是更关注自己的问题和兴趣，喜欢别人倾听自己。这一点不难理解，当有人愿意听你谈论自己时，你是不是也会产生一种被关注、被重视的感觉，对对方产生好感？

伊萨克·马克森可能是世界上第一等的名人访问者，他说："许多人不能给人留下很好的印象是因为不注意听别人讲话。他们太关心自己要讲的下一句话，以至于不愿意打开耳朵……一些大人物告诉我，他们喜欢善听者胜于善说者，但是善听的能力似乎比其他任何物质还要少见。"

事实上，在谈话中听比说要重要。说是阐述，是内心观点向外界的释放；听是收集，是综合他人思想的渠道。一说一听，是相互意见的交换。如果你不能认真倾听对方的意见，就不可能了解对方的想法，更不可能走进对方的内心世界。当你倾听对方的话语时，对方能接收到你诚挚的信息，会立即运用自己的知识、经验，对你进行识别、归类、解码，最终做出自己的态度反应：或反对或支持。

可见，倾听不是被动，而是在为探听虚实后的主动做准备。如果在还没有了解他人的情况前就随意交谈，很有可能使谈话陷入僵局。与其如此，不如仔细倾听，在充分了解对方的情况后再发表自己的意见。古诗曰："风流不在谈锋胜，袖手无言味最长"，倾听是一种理解和接纳他人的高尚人品。

真正的倾听不仅要用耳朵，而且要用心。不仅要听对方说的内容，理解别人的观点，而且要了解对方的感受和情绪，了解如何倾听才能得到他人的共鸣。这也是非常关键的，不然只知道倾听重要而不知道如何倾听，就如同纸上谈兵，无法应用到实践中，这节的讨论也就毫无意义了。

以下几个要点，你不妨借鉴：

在倾听对方讲话的时候，要保持良好的精神状态，全神贯注，聚精会神，表现出自己乐意倾听而且有兴趣与对方沟通。一副若有所失、萎靡不振的表情，这会直接打消对方交谈的兴趣；要善于运用微笑、点头、提问题等，及时给予对方呼应。这会让对方感到你在倾听他说话，你理解他所说的话，这会给人留下知书达理、文质彬彬的好印象，交谈气氛会更加融洽，有助于进一步的沟通。

了解了以上倾听的技巧后，只要你在谈话中恰当运用，你就定会成为一个出色的倾听者，你也就能够成为一个广受欢迎的谈话高手，赢得众人的喜爱和支持。

无论你的才能有多高，请你学会倾听。

无论你的能力有多强，请你懂得倾听。

姿态谦和，丢掉那些高谈阔论

贝罗尼是 19 世纪法国著名的画家，有一次，他在瑞士度假期间背着画夹到日内瓦湖边写生，画作到一半，湖边来了三位英国游客，她们显然身份显赫，在看到贝罗尼的画后，三个人对着画作开始品头论足，一会儿说这里画得不好，一会儿说那里处理得不到位。贝罗尼听后一一按照她们的意见虚心改了过来，并对她们表示感谢。

第二天，贝罗尼照旧背着画夹去写生，巧的是在另一个地方又遇到了这三位英国游客。老远就看见她们三个人四处观望，贝罗尼因为前一天的一面之缘上前打招呼。三名游客马上问道："先生，请问您知不知道法国大画家贝罗尼在哪里？我们听说他最近在这里度假，所以特意来拜访他。"

贝罗尼弯下腰施礼，说道："不敢当，我就是贝罗尼。"想到前一天自己在这个大画家面前指责他的画作，三名游客都红了脸。

人外有人，天外有天，就像孔子所言："三人行，必有我师焉。"在谈话中也是一样，我们应该保持谦和的态度，如果态度傲慢，自以为是，只会让自己成为井底之蛙，就如那三名游客一般，觉得自己很懂画作，就在大画家面前指指点点，高谈阔论。当遮着布揭开之后，才发现自己有多么的卑微。

不想让自己成为无知的笑话，那就应该在谈话的时候谦和恭礼，避免那些花孔雀一样的高谈阔论。正如一句话所说"真正自信的人是不会通过傲慢去展现的，只有真正无知的人，才会粉饰自己的无知和自卑。"

越伟大的人越谦卑，古希腊著名的哲学家苏格拉底可以说是学识渊博、智慧超群了，在他面前，没人会不知好歹地自称智者。然而就是这样一味才华横溢的人，在接受别人赞美的时候，说得最多的一句话就是："我唯一知道的就是我自己的无知。""力学之父"牛顿也曾说过："我只是一个在海边玩耍的孩子，偶尔高兴地捡到一块美丽的贝壳，但真理的大海我还未曾发现。"

伟人尚且如此，我们又究竟有多特别呢？高谈阔论并不一定会显得你知识多渊博，只会让你看起来很装相，谈话中的大忌就是自以为是。

　　林恩是一家婚庆公司里的员工，刚毕业后不久就来到了这家公司，虽然公司规模不大，但前景很好，可林恩却和同事相处不来，因为他觉得身边的同事和自己不在同一水平线上，他们每天只聊枯燥无味的工作，对国家大事、文化环境和经济走向丝毫不关心，他觉得这些人未来必定不会有什么出息。自己和他们可不一样，未来他的前途必定一片光明。于是，林恩说话时一味地咄咄逼人，一味地要派头，他不喜欢他的同事，他的同事也并不喜欢这个自恃过高的毛头小子。

　　一次，有一个活动项目分到了林恩所在的工作组，大家集体讨论策划方案。组长说了整体方案之后，便将每个部分进行细化分工，林恩被分配到了音乐这一块，工作的时候林恩还是很认真的，但当整体方案雏形出来第一次碰头的时候，问题出现了，每个人都拿出了自己负责的板块进行说明，当视频负责人员对自己的作品进行说明的时候，林恩傲慢地笑了笑，说道："我觉得结婚视频的音乐实在没有什么新意，剪切方式也太老套了，你看时尚大片那种剪切方式多高大上，审美不行，技术再好做出来的东西也跟搞笑网剧一样。"

　　虽然林恩觉得自己说得很委婉，但视频负责人的脸色已经不好看了，他和组长说道："我做出了几版方案，因为考虑到结婚的新人是喜欢网络文化，所以我加入了更多接地气的东西。而且，对方一再要求要尽可能做得有意思些，到时候让场面热闹一点。"

　　"我们是专业的制作团队，新人不懂，我们应该给他们意见……"林恩显然觉得对方太不专业了。

谁知，组长没等林恩说完，便批评了他："我们要以客户的需求为前提，另一方面既然我各自分工，就希望你们负责好自己的事情，不要越位。还有林恩，你选择的音乐虽然很高雅，但不适合炒热现场气氛，你的音乐要重换。"

在谈话过程中，人的心理是很微妙的。每个人都希望得到别人的认可和重视，林恩觉得自己什么都懂，对方什么都不懂，自恃过高，说话时一味地咄咄逼人，对着别人的工作指手画脚，显然是对别人的一种无视和无礼，这样的人自然会遭到众人的鄙夷，最终沦为孤家寡人。

而谦和的人之所以受人喜爱，就是因为他们在谈话时重视别人的存在，关注别人的感受，由此很容易使人给出有素质、有修养等高度评价。

一位哲学家曾经说过："关注别人是抬高自己的最佳途径。"可谓一语道破天机。所以谈话的过程中，无论你的谈话对象是谁，我们都要以谦和的姿态示人，给对方一种被关注、被重视的感觉，就是满足了对方最强烈的渴望。在此基础上，你想走进对方的内心，将不再是难事。

任何时候，微笑都是最好的妆容

俗话说得好，"伸手不打笑脸人"，一个人面带微笑，在开口的时候必然不会引起对方的反感情绪。即便长得不讨喜，只要带着真诚的微笑，也会让对方觉得舒服。情绪会传染，消极情绪散播的时候，周围的气压都是低的，会引起人们的不适。

相反，如果你是微笑着，那么这种情绪就像春日暖阳一般让人绽放笑容。

趋利避害是人的一种本能，没有人愿意沉浸在悲伤当中，所有人都想要追求快乐，带着好心情工作生活。所以，如果你总是微笑示人，那么人们自然也就愿意与你交谈，感受快乐，整体的氛围也就会非常和谐。

说到美国希尔顿酒店，恐怕无人不知无人不晓，而这个酒店能够走到今天，而且日益壮大，和希尔顿董事长唐纳·希尔顿提出的"微笑服务"密不可分，而这项服务也是希尔顿酒店的闪光点，在整个业界都非常出名。唐纳又是怎么制定的这项服务呢？这还得从他年轻时候经历的一件事讲起。

在希尔顿年轻气盛的时候，经常会因为酒店的工作而烦心，他情绪不好的时候，周围的员工都小心翼翼，生怕不小心引爆了他这颗"人体炸弹"。有一天，他又在工作总遇到了不开心的事，在他很暴躁的时候，恰巧有一位老妇人前来拜访。秘书把老妇人带到唐纳的办公室之后担忧地看了一眼便出去了，因为她知道唐纳的脾气，觉得这位突然拜访的老妇人很可能受到唐纳情绪的牵连。

和秘书估计的差不多，唐纳确实打算破口大骂的，但是在他抬头看到老妇人的那一刻，什么都变了，因为这位老妇人带着温和而友好的笑容，本来已经到嘴边的话说不出来了，神奇的是他的暴躁情绪也被这位老妇人友好的笑容给平复了。唐纳也不自觉地变得友好起来，礼貌地请老妇人坐下，并和她进行了愉快的谈话。在谈话的过程当中，老妇人一直都带着温和慈祥的笑容，那种真诚让唐纳感觉非常温暖。神奇的是他心中的躁动情绪也被这温暖的笑容融化了。

这件事情之后，唐纳第一次正视微笑的力量，他不仅开始以身作则，还把"微笑服务"当成了酒店的服务宗旨下发到各个部门。连员工都感受到了唐纳的改变，每次见到唐纳也不再那么小心翼翼，而是微笑着和他打招呼。之后唐纳不管去哪个城市的希尔顿酒店考察巡视，都会问员工一个同样的问题，那就是"今天，你对客户微笑了吗？"

对于这项业界最为信服的服务宗旨，唐纳给出的解释是："微笑是最简单、最省钱以及最可行，并且也最容易做到的服务。更重要的是，微笑同时也是一种成本最低，收益却最高的投资。"

美国心理学麦克道维说："面带微笑说话的人，比起紧绷着脸孔说话的人，在经营、销售以及教育等方面，更容易获得成就。"想要给对方一个好印象，那么就在见到对方的那一刻开始微笑，笑容不仅可以感染对方，也可以改变自己。生活就像是一面镜子，你对它哭，它便报之以眼泪；你若对它笑，那么它便会给你成倍的快乐。这不仅仅是谈话中的一种手段，更是自我的一次洗礼。

对你的上司微笑，让你的上司感受到你的正能量；对你的下属微笑，让你的下属更加放松卖力地完成工作；对你的家人微笑，让你的家庭氛围和谐；对你的朋友微笑，拉近你们之间的距离。从心里散发快乐，让自己快乐，让对方快乐，让整个谈话的氛围快乐和谐，那么一切事情便水到渠成了。

可是，有人会说，当今社会竞争压力巨大，人与人之间也越来越冷漠，微笑的机会越来越少了，我甚至已经忘记还有微笑这个表情了。不要说自己已经不会微笑了，微笑是天生的能力，如果你真的已经忘记了它，那么，从现在开始，请你把它找回来吧，因为它能帮你成就太多的事情。

从现在开始每天带一面镜子，找一切机会练习！对镜子摆好POSS，像婴儿咿呀学语一样说"E——"，让嘴的两端向后缩，微张双唇，或者轻轻浅笑，一点点减弱"E——"的程度，这时能感觉到面部肌肉被拉向斜后上方。相同的姿势每天反复几次，练到自然为止，你就能变成爱笑的人。

微笑吧，没有惊世骇俗的盛世美颜，没有过人的成就，只要你微笑，也会彰显你的自信之美。请记住，任何时候，微笑都是最好的妆容。

控制好正事和闲谈的"黄金比例"

平时和朋友闲聊，只要定一个主题就可以天南海北的聊了，这时候的聊天是一种消遣。但当我们需要和客户谈事，和同事、上司谈工作的时候，因为这是有目的的谈话，我们就不能海阔天空地侃天说地了，而要适时地说重点内容。这也是一种谈话的艺术，也需要我们遵从一定的礼仪。

王丽从小就立志要成为一个女强人，因此在同事的眼里她不管什么时候都很严肃，一丝不苟，搞得大家休息时间都不敢去找她闲聊。工作时间还好，休息时间如果王丽有什么事，就直接开门见山，不管对方是否在工作时间范围内。其实她不仅对同事如此，对待客户也是一样，约客户见面，只打个招呼说句"您好"，自我介绍完了就开始直接进入正题。虽然王丽为人直率，也从不浪费多余的语句，但业绩并不是很理想，虽然她不间断在努力，但总感觉力不从心。

小昭和王丽正相反，她没有王丽那股子风风火火的劲头，说话生怕没有铺垫好，所以和别人说正事也总是闲话一箩筐，顾左右而言其他，因此说话总是说不到重点，兜兜转转到最后把自己都转懵了。所以同事很不太愿意和小昭共事，因为和她谈话总会浪费时间，而且讨论半天都没什么结果。

显然，王丽和小昭的表现是两种极端，与人谈话的效果都不会理想。

人与人之间的交往需要磨合，两个互不认识的人上来就谈正事，谁都不能轻易打开心门。如果没有铺垫，直接切入正题，那么对方难免很难投入。连小孩上课的前几分钟都需要一个专注的过程，更何况一次谈话了？

如果一味绕着主题转，迟迟不切入主题，那么也是一种失礼，会让对方感觉你优柔寡断、老谋深算，失了信任，接下来的谈话自然收获不会大到哪里去。

因此，我们要明白，闲谈终究是闲谈，客套最终只是客套，这些都是为了正题进行铺垫的。简单地寒暄一下，稍稍闲聊一下，找到双方的共同点，或者说通过闲聊对对方有了基础的了解，那么谈话就找到了正确的切入点。这样的谈话，才真正称得上既不失礼貌，又有效率的谈话。

具体来说，我们应该这样做：

不管是否熟识，见面之时的闲谈问候是必不可少的，可以谈论交通、天气，最简单的问一问"你有没有吃饭"等等，这些都是放松气氛的好"帽子"。问候过后，可以适当地表明来意，先简单地聊一聊，或许在这之中就找到了共同的话题，可以深入的探讨一下，当时机合适的时候，再谈正事。

当然，和写文章一样，有头就要有尾，谈完正事直接一拍两散，很可能会把好不容易拉近的距离再次推远，这时候，就需要我们为下一次见面做铺垫，比如可以约定下次去哪里吃饭，或者有什么其他项目可以深入探讨等等，因为大部分时候很多重要的事，是不可能短短一次会面就可以达成共识的。

简单来说，控制好正事和闲谈的"黄金比例"，并不是为了达成最终目的，而是给对方留下一个可靠良好的印象，方便深入交谈。有了基础的好感与信任，还有什么是不能谈的呢？

CHAPTER 07

应时应景，
说话看场面，沟通看场合

很多时候，我们以为口若悬河、滔滔不绝才是一种本事，殊不知说话不看场面，沟通不看场合，伤害到他人还不自知，结果。若想混得风生水起，就要根据不同的地点、不同的人物，说不同的话，让自己的话说得应情应景，所有的结局都会皆大欢喜。

到什么山上，就要唱什么歌

英国女王维多利亚刚继承王位时，工作十分忙碌，每天忙到凌晨都处理不完公事。一天，女王拖着疲惫的身体回宫殿，她看卧室的房门紧闭，只好敲门。

门内传来女王的丈夫阿尔伯特亲王的声音："谁呀？"

"我是女王。"女王大声回答。

阿尔伯特没有开门，女王再次敲门。阿尔伯特又问道："谁呀？"

"我是维多利亚。"女王放低声音回答。

阿尔伯特依旧没有开门，当女王第三次敲门时，阿尔伯特又一次发问："你是谁呀？"

"我是你的妻子。"女王用温柔的声音回答。

这时，阿尔伯特才打开门说："欢迎我的女王妻子回来。"

维多利亚女王是英国历史上在位时间第二长的女王，她一手缔造了日不落帝国，与丈夫阿尔伯特亲王相濡以沫了一辈子。为什么维多利亚可以成为人生赢家？那是因为她懂得看场面来说话。

在国会、外交等场合时，维多利亚会保持女王该有的严肃谨慎，说话十分威严，令人不自觉地信服她，畏惧她。但回到家与自己的丈夫相处时，她不用再保持女王的姿态，会用妻子的身份同丈夫说话，阿尔伯特亲王才会怜爱她、珍惜她。倘若，女王在正经的场合说轻柔的话，那么她的大臣，她的国民，她的外交对象只会看轻她，而她同丈夫说话时摆出一副高高在上的女王模样，那么她的丈夫只会远离她，淡漠她。

俗话说："到什么山，就要唱什么歌。"不同的场面就该说不同的话，这就好比葬礼上的音乐与婚礼上的音乐，葬礼上的音乐应该是悲伤缅怀的，而婚礼上的音乐应该是愉悦喜庆的，如果将两个场合的音乐对调，那么一定会引起他人的反感与厌恶。

谈话也是一样，郑重的场合就该说郑重的话，轻松的场合就该说轻松的话，如果说与场面不符的话，只会令人感到拘谨、压抑，甚至是愤怒。

杨城和李倩是一对相恋多年的男女朋友，两人大学毕业就在一起了。这些年，两人在同一座城市打拼，不说事业有成，但也算事业稳定了。

李倩向杨城提议，过年的时候去她家拜访一下她的父母，顺便商量一下婚事，毕竟两人年纪不小该成家了。然而，计划跟不上变化。李倩的父亲下楼时，不小心从楼梯上滚下去，跌断了腿。李倩与杨城连夜赶了回去。

李倩父亲住院期间，杨城请了一个长假专门照顾李倩的父亲，他忙前忙后，端茶递水，感动了李倩的父母。两位老人对杨城非常满意，打算出院后就安排婚事。

李倩父亲出院那天，杨城为庆祝老人康复，特地去大酒店订了一桌酒席，还邀请了李倩家的亲朋好友。由于的李倩的父亲身体还没有完全康复，不能喝酒，所以杨城便让服务员盛些饭过来。

饭上来后，杨城盛了满满一碗饭递到李倩父亲面前，说："伯父，你要饭吧？"

李倩的父亲听得一愣，他没有说话，表情也有些冷冷的。桌子上的亲朋好友一个个想笑不敢笑，李倩与她的母亲也蹙起了眉头，显得不高兴。

杨城并没有发现不对劲，他热情地招待着大家。酒过三巡后，杨城见李倩父亲的椅子下有一串钥匙，便好心提醒："伯父，您的钥匙掉了。"说完，弯腰捡了起来。仔细一看，原来是自己的钥匙。他不好意思笑了笑，放进了自己口袋内。

此时，李倩的父亲脸色铁青，但看杨城醉醺醺的模样，依旧没说话。亲朋好友们也一脸古怪地看着杨城。杨城喝得有点多，哪里会注意别人的脸色。

饭局结束后，亲朋好友全都回去了。杨城觉得，大家一定很满意他的招待。他刚要开口送李倩与她的父母回去，却见李倩父母带着李倩怒气冲冲离开了，连招呼都没有和他打一声。杨城一脸疑惑，这是怎么回事？

此后的一个多月，李倩没有给他打过一次电话，他打电话给李倩，李倩没说两句就挂断了。杨城意识到，李倩的态度是从那晚上的饭局开始转变的。于是便问李倩发生了什么，他是不是有哪里做错了。

李倩气冲冲说："那天吃饭，你一会儿说我爸要饭，一会儿说我爸要死掉了，我和我爸妈能不生气吗？有你这样说话的吗？"

杨城这才想起，那天他在饭桌上一时开心，就没有说普通话，说得是家乡的方言，而他家乡的方言"钥匙"与"要死"是一个发音，而在李倩父亲心中"要饭"其实就是乞丐乞讨的意思，这才造成了误会，闹了个大乌龙。后来，杨城专门去李倩家解释，才得到了李倩和她父母原谅。

一方水土一方文化，地方方言只有地方人才能听懂，方言最好是在当地说。如果在不懂地方方言的人面前说，无疑会闹笑话，惹人不快。但事例中的最终原因，其实还是杨城没有分清楚场合，说了不该说的话。

什么场合说什么话，这是人们在长期的社会交际中总结出来的。当你身处一个场合时，需要考虑许多因素，如交谈的环境、面对的人、针对的事、自己是什么身份、谈话的时间等等，只有在不同的场合中说不同的符合该场合的话，这样才不令人感到突兀，会令人感到交谈的愉悦。

通常来说，受人欢迎的交际高手说话时会很看重场合。

公共场合不说反感的话

在公共场合时，说话要注意内容，不要说一些反社会或三观不正的话，更不能在公共场合大声喧闹，这样十分惹人反感。如果害怕说错话，可以保持沉默，给予他人一个友善的微笑，这也会在他人心中留下不错的印象。

职场上不说让他人丢脸的话

职场是一个等级分明的场合，稍微说错一句话，影响的可能是自己的前程。当领导的工作出现失误时，下属决不能当着众人的面指出，下属可以委婉的提醒，最好让领导自己发现错误；当下属的工作出现失误时，领导也要顾及下属的脸面，不要当着众人的面恶语批评，可以采取委婉的语气或幽默的方式来批评。

朋友聚会不说他人缺点

每个人都有自己的朋友圈，很多人会将朋友当作话筒，一个劲地朝其倾诉生活、工作中遇到的各种烦心事，议论他人好坏。这样的做法并不会令你的朋友认同你，反而会令你的朋友认为你是一个背后议论他人的小人，甚至会联想在其他朋友面前你是否也会议论他。此外，在朋友聚会时，如果你听到他人针对你说了一些难听的话，你要表现的素质一些，不能有失身份与之对骂。

亲人团聚不说不懂礼貌的话

亲人是与你关系最亲近的人，他们会不厌其烦地关心你有没有穿暖，有没有吃饱，一直唠叨个不停。但你要明白，他们是为你好。在与亲人相处时，一定要表现的礼貌懂事，多说好话、吉庆的话，不能表现的很厌烦，不说不礼貌、不吉利的话。

俗话说得好："一句话把人说笑，一句话把人说跳。"谈话时随时看场合说话，让自己的语言融入环境，才能准确地表达自己，才能够得到更多的认同感。

说出的话，要符合自己的身份

年幼的孩子对出门的父亲说："说你多少次了，外面天气冷，要多穿衣服！"

20 岁的小伙对同龄人说："年轻人，公共场合不能喧哗。"

下属对领导说："你自己打车回去吧，别忘了上班后找我报销。"

……

当你听到这些话时，是否会感到十分别扭？别扭的原因不是这些话有问题，而是说话的人有问题。因为，他们说出的话与自己的身份极不相符。

与长辈交谈，你的角色定位是晚辈；与上司交谈，你的角色定位是下属；与女朋友交谈，你的角色定位是男朋友，与初次见面的人交谈，你的角色定位是陌生人……任何人在谈话的时候，不管在什么场合，不管与什么人交谈，除了要有对象意识外，还要有一个角色定位，这也可以称之为身份。

谈话时，只有说的话符合自己的身份，谈话才能顺畅。如果说出的话不合乎自己的身份，谈话最终会以失败而告终。

就像韩信，有一次汉高祖刘邦问他，他们两人谁的领兵能力强。韩信回答自己的领兵能力比刘邦强。刘邦听后心中不悦，便找了个借口革了韩信的职。韩信是用兵奇才，他的领兵能力确实比刘邦强，但实事求是的说话却招来了恶果。为什么？原因就在于韩信没有认清楚自己的身份，说了不符合自己臣子的身份的话。

　　说话不得体，不注意身份，听的人总感到不是滋味，甚至会引起他人的反感和厌恶，这就必然要影响到交际效果。

　　事实上，在生活中也可以看出说话要符合自我身份的重要性。比如在别人家中，决不能以主人的口气与房屋主人说话，这会显得不知进退，越俎代庖；作为男士的女性朋友，决不能以人家女朋友或妻子的身份说话，这无疑会让人尴尬。与同辈亲友交谈，不宜过于"一本正经"，否则便有故作姿态之嫌。

　　与人谈话前，首先要做的就是正确认识自己的身份。

　　唐斌大学毕业后进入一家汽车企业工作。因为手脚勤快，很快就被提升为车间主任的助手。这一天下班时，主任叫住了唐斌。

　　主任说："小唐啊，这个星期五有一个国外的考察团将要考察我们公司的组装车间，如果他们决定引进我们的组装技术，那么公司会赚一大笔钱，年底大家都会领到奖金。所以，咱们一定要负责好这次考察，决不能出纰漏。"

　　"主任，你放心，我会时刻关注车间机器运行情况的。"唐斌拍着胸脯保证。

　　很快，周五到了，国外考察团如期而至。

　　主任带着唐斌一同招待考察团。主任用专业术语向考察团介绍完车间的运作和机器的优点。之后，便带考察团进入了组装车间，带领他们参观汽车的组装过程。在经过机器控制室时，其中一台机器上的红灯一直不停地闪烁。

　　"这是怎么回事？是机器出现故障了吗？"老外说着蹩脚

的中文。在外国人眼中，红灯是一种警戒标志或故障标志，他们理所当然地认为应该是机器出现故障。

主任见状，脸色微微一变，随后又装作毫不在意的模样，笑着说："放心，机器是正常的。这个红灯是机器上的指示灯，等机器停止工作，灯就不会再闪了。"

考察团恍然大悟，没再深究。

正当主任松一口气时，一旁的唐斌皱着眉头说："不是的，是我们主任弄错了，这个灯坏了，所以才一直闪，不过机器是正常运行的。"

这话让主任的脸色清白交接，脸上的微笑像是僵住了一般，别提多不自然。

考察团也一个个用质疑的眼神看着车间主任，甚至有两个核心考察员小声议论说这家企业不诚实，他们不会引进这家汽车企业的组装技术。最后，考察团没什么参观的心情了，他们匆匆参观完了整个车间，没有留下任何话语回了自己的国家。

至于唐斌，在送完考察团之后，主任怒气冲冲对他说："你被解雇了，明天不要再来了！"

在这个事例中，先不说唐斌说的故障是否对错，单在这种场合不给上司留情面就非常不合适，而且正是因为他的话，才让公司丢了一笔大订单，他被辞退也在情理之中。这一切，归根究底是唐斌没有认清楚自己"下属"和"卖家"的身份，说了不符合自己身份的话，惹了上司不快，赶走了考察团。倘若唐斌认清楚自己的身份，在主任说出灯闪的原因后保持沉默或打圆场的话，那么就不会导致后面的境遇。

　　说话是一门艺术，懂这门艺术的人在与人谈话时，不仅会注意自己所说的内容，在开口前也会考虑自己和对方的身份，说与自己身份相符的话。因为他们深刻明白，如果不考虑自己身份随口说话，那么在谈话中不仅不会起任何作用，反而会给他人留下不知深浅、不懂礼貌的印象，这在人际交往中百害无利。

　　著名的思想家帕斯卡尔曾经说过："人必须有自知之明，如果这无助于发现真理，它至少也是一项生活准则，没有比其更重要的了。"先认清楚自己的身份，再说与自己身份相符的话，这就是一种自知之明，如此谈话才能令人愉悦。

▢ 说话要斟酌，依据对方身份说不同的话

　　社会是一个大群体，每个人都必不可免和不同的人打交道。然而，有的人混得如鱼得水，有的人却混得穷困潦倒，其中关键原因是缺乏谈话技巧。谈话的技巧千千万，其中有一个人人都要练就的技能，即见不同身份的人说不同的话。

　　纵观那些谈话高手，每一个人都将这个技能练就的炉火纯青，依据对方身份说不同的话。因为这种技能可以抓住人们常以自我为中心的弱点，在言语上能轻松突破对方的警惕意识，无形中满足对方被尊重、被重视等心理。同时，这也就能快速与人建立初步关系，达到深谈的目的。

　　刘军是一家大公司的销售，他的工作是，公司每推出一个新品，他就要推荐给零售商，让零售商们去零售。当然，零售

商们会根据新品的前景来选择是否要进货。但是，不论新品如何，刘军每个月的业绩都是第一名，哪怕在淡季，他的销售业绩都遥遥领先其他销售员。

这一天又是领工资的日子，销售业绩再次垫底的张俊看着自己微薄的工资，不禁对刘军羡慕不已，忍不住追问："咱们销售的是同样一件产品，公司分配的客源也大差不差，为什么你能让你的零售商个个都愿意拿你的货呢？"

刘军并没有藏着掖着，他想了下，说："我觉得和我说话的方式有关。"

"说话方式？"张俊不解地问。

刘军点头说："是的，我会根据不同的人说不同的话。正好下午我要去见两个客户，不如你跟我一起去，看一看我的销售方法吧！"

张俊想也没想答应了。

刘军见得第一位客户姓王，他是一位正直、诚信的客户。刘军一见到王老板，就谦逊地说："王总，您好。您还记得我吗？我是小刘。"

"你好，我当然记得你。你今天过来我这，是不是你们公司又出新商品了？"王老板问。

"王总，您果然神机妙算。我们公司最近新出了一个功效非常不错的产品，现在还没有对其他零售商们推广，货源非常足。您的公司零售业绩向来不错，率先零售的话，一定会让您赚个满堂红。"刘军说完，开始用专业的术语介绍起新产品的功效。

王老板听后，觉得新产品非常不错，当下就定下了一批货。事后，王老板感激地对刘军说："真是谢谢你，有这么好的事率先想到的就是我。"

"哪里，您能一直购买我的产品，就是对我最好的感激。"刘军谦虚地说。

之后，刘军带着张俊去见他的第二位客户，这位客户姓张，是一个非常狡猾的人。

刘军一见到张老板，就嘻嘻哈哈地说："张老板，你真不够意思，这么长时间都没有联系我，是不是在闷头发大财呀？"

"嘿，你小子就爱睁眼说瞎话，到底是谁不联系谁呢！我最近累得要死，整天都在卖你的货，赚几个钱，你能不清楚？"张老板说。

"我清楚得很！"刘军笑说："张老板，不要再说我不够意思了，我今天给你带来了一个能赚大钱的新品。"说完，开始介绍起产品的功效。

张老板听后，他一脸为难地说："这新品被你说得天花乱坠，让我真有一点动心，不过，你这产品的进价有些高呀！"

"我俩谁跟谁呀？只要你肯走我的货，不让我们公司亏大本，价格都好商量。"刘军套完近乎，然后在打笑中半真半假地与张老板商讨起价格。最后，刘军退了一步，让张老板定下了一大笔货。

直到回去的时候，张俊仍然没有缓和那股震惊劲，他敬佩地说："刘军，你这口才真让人佩服。"

刘军摆摆手，笑着说："这哪是什么口才，只不过是见不同身份的人说什么样的话而已。"

从事例可以看出，刘军面对不同类型的客户，他会选择用不同的方式来谈话。当客户是一个正直儒雅的人时，他会选择用绅士的方式去和人交谈；当客户是一个狡猾如狐的人，他也会用偷奸耍滑的方式去交谈。

射箭要看靶子，弹琴要看听众，谈话也得先考虑听话人的身份。就像对待一个乐观坚强、对生死无畏的绝症病人，你可以把事情托盘而出，让他能活得清楚，死得明白；如果对待的是一个惧怕生死、懦弱胆怯的绝症病人，那么你就不能如实相告，要尽可能说一些善意的谎言，让他能活得安稳些。

所以，在与他人谈话前，可以先换位思考一番，想一想自己即将说的话对方是否乐于接受。根据不同的身份的人说不同的话，这样才能获得他人的认可。如果你将要说的话不符合对方的身份，即使说得再好，对方也不会感兴趣，甚至不愿再与你交谈。

一个谈话高手，并不需要每时每刻都表现的能说会道，也不需要随时随地向他人散发着"我是一个很健谈的人"这个信息，关键还是要看清楚与自己说话的人的身份。这里的"身份"包括职业地位、性格、交谈的喜好、文化修养等方面。那么，面对不同身份的人，我们具体该如何谈话呢？

如果你面对的是一个文化水平比你低很多的人，那么说话就要朴实直白，令人能一下听懂你所说的话；如果你面对的是一个文化水平与你相当或是比你高的人，那么你所说的话就要仔细斟酌了，可以加点修饰。

如果你面对的是你的上司，那么你所说的话要谦逊些，态度上要认真谨慎，不能令人觉得随意懒散；如果你面对的是和你同级别的同事，那么说话可以随意些，平常对待即可；如果你面对的是你的下属，说话就要严肃认真些，令人可以信服你。

此外，还可以考虑对方与你是什么关系。如果是长辈，说话就要恭敬礼貌；如果是平辈，说话可以随意点，也可以开一开玩笑；如果是小辈，说话可以和蔼些。

总而言之，根据不同身份的人说不同的话，才能在交谈中立于不败之地。

💬 性格和谈话有关系吗？当然有

性格和谈话有关系吗？对于这个问题，也许你会觉得难以回答。但是，如果我们问："性格和命运有关系吗？"你可能会很快做出"性格决定命运"这样的回答。我们要说的是，性格既然可以决定命运，那么当然也能决定你的"谈话"结果。

你是否经常感到费解，为什么有些人和你相谈甚欢，彼此很容易达成共识。有些人却沟通不快，也颇难应付？其实原因非常简单，有些人性格与你相近，你们对事物的看法及处理态度如出一辙，双方的沟通模式便易于融合，沟通的过程自然愉快而顺畅，于是很快即能达成共识。相反，有些人由于性格与你有所不同，甚至截然不同，你们对事物的看法及处理方式相差甚远，自然说到不到一起。

现在已经非常明显了，性格是影响我们交际的主要因素，它同样可以影响我们的谈话。自身或对方的性格原因，可能会导致我们的谈话不畅，甚至出现不欢而散的结局。

在心理术语中，性格是一个人在对现实的稳定的态度和习惯了的行为方式中表现出来的人格特征，比如勇敢、腼腆、沉静、暴躁、果断和优柔寡断等等。配合性格谈话，是一种结合心理学与谈判技巧的沟通方式，它能帮助你在任何状况之下与任何人顺利交谈，而且是一种双方获利的双赢局面。

换言之，在与人谈话的时候，我们不仅要千方百计地控制自己，不要让自己的不好性格占据主导。而且，更重要的是，我们一定要通过各种渠道，去了解谈话对象的性格。只有"摸清"了对方的底，我们才能根据其性格的不同，做出不同的应对策略。只有这样，才能赢得这场谈话的成功。

例如，如果你面对的是一个性格偏激的人，那么你所说的话一定要真诚缓和，不要与对方针锋相对；如果你面对的是一个性格儒雅的人，那么也可以用儒雅的方式去交谈；如果你面对的是一个性格多变而古怪的人，那么说话前要仔细斟酌对方的心理，用不同的说话方式去应变；如果你面对的是一个性格随意、外向嘻哈的人，那么可以用轻松的谈话方式去与对方交谈……

岳峰从事汽车销售三年了，长期与客户玩"暗战"，使他练就了高超的谈话术。

这天，他接待了一位非常有意思的客户。那是一位四十多岁的女士，对方连逛了好几家店后，不经意地走进了岳峰所在的车行。她似乎没有什么明确的目的，只是绕着展厅随意打量，看见一辆自己喜欢的车，她就随口夸赞几句。最后，她在一款红色的新款车前停了下来。很明显，她喜欢这款车。

这个时候，岳峰赶紧适时上前，详细地为女士介绍这款新车。这位女士听完之后非常心动，但却还是很犹豫。此时凭借多年的经验，岳峰已经看出，这位客户的性格属于犹豫不决型。对于这种类型的客户，他自有妙招。

他先带着这位女士试驾了一番，让她自己体会车的性能。女士试驾完之后告诉岳峰，她的感觉非常好，但还是表示想要下次来买。

岳峰微笑着对她说："这辆车是最新的车型，现在非常走俏。您下次再来买当然可以，只是如今很多店里都缺货，您下次来买，可能得等上一阵子。一般来说，客人们都得等上一个月左右，才能提到车。我们店里最近提来的这批，仅剩下这一辆了。"

女士听完又犹豫了一会儿，但终于还是拿出了银行卡。但是在付款前，她又犹豫了："我今天只是随便进来看看的，才这么一会儿时间就买了辆车，是不是太仓促了？"她下意识的反应，甚至把已经递出去的银行卡又拿了回来。

岳峰很清楚，这位女士此刻内心斗争很激烈，犹豫不决的性格使其很难真正做出决定，必须要"帮"对方一把了。他微笑着对女士说："大姐，您有这样的感觉就对了！这款新车，无论是从外观的设计上，还是从车子本身的性能上，都会让人有种冲动的感觉。不怕实话告诉您，每天走进我们店里的顾客，有一大半女性朋友都会像您一样，被它吸引。但很遗憾，他们仅仅是冲动，却没有拥有像您一样成功的地位。您这么年轻就独立买车，很了不起呀！冲动一回，绝对值得！而且，您不觉得，这款车真的很配您吗？想想看，当您把这款车开在林荫道上的时候，听着美妙的音乐，让醉人的暖风吹进来，那感觉多美啊！您说是吗？"

那位女士被岳峰的话吸引住了，不再犹豫，很快办理了付款手续。

岳峰之所以可以成功说服客户，主要原因在于，他在第一时间内对这位女士的性格做出了正确的判断。他通过种种迹象，看出了那位女士的犹豫性格。当然，找出了病因，再对症下药，就不是很困难了。他在关键的时候"添了一把火"，及时唤醒了对方的危机感与冲动感，让其联想到拖延会带来的损失。在唤醒对方危机感的同时，他又适时地下了一剂猛药，向对方描绘了一幅"人在车中"的美丽画面，更加坚定了对方买车的决心。最终，她赢得了这场谈话的胜利！

假设，岳峰没有了解对方的性格类型，那么又会出现什么样的情形呢？最大的可能，是他迫不及待地向对方介绍车子。当对方犹豫不决时，他又会心急火燎地采取措施，而忘记了从危机感与冲动感上融化对方。结果，当然极有可能会适得其反。正常的情况的是，一个犹豫不决的人，在听到对方语言上的狂轰滥炸后，会心生厌烦。那么最后的结果就显而易见了，肯定是不欢而散。

每个人基于本身的性格特性，在谈话时需求及行为表现，便会有所不同。我们所举的例子，只是诸多性格类型中的一例，不足以代表全部。但是由此应该很容易看出，了解对方性格，对于整个谈话的重要性。在谈话开始前，拿出你的浑身解数，尽量摸清对方的性格类型，往往事半功倍。

〇 "较真"既要认真，又要宽容

《欢乐颂》是一部家喻户晓的电视剧，其中"曲筱绡"这个人物特别受人争议。喜欢她的观众认为她古灵精怪，说话真实有趣，而不喜欢她的观众则认为她说话直，爱较真。其实，较真既是一个优点，也是一个缺点。

在学术中，较真是一个优点，它能使人变得严谨，能促进科学的发展，但是在与人谈话中，较真却要分情况，看场合，点到为止，如果刨根问底，字字推敲，非得说服别人，那么很容易导致别人丢了面子，下不了台，就会不知不觉拉远人与人的距离，不知不觉成为交谈中的大障碍。

小张为人正直，是一个很有学识的人，但他有一个不好的地方，就是爱较真。以至于，小张的朋友并不多，而愿意与他成为朋友的人，一部分是看中了他的才华，一部分是了解他的为人才选择谅解他的较真。

小赵与小张相识多年，两人算得上是知心好友。小赵打算在今年国庆节结婚，他给小张发了请帖，让小张有空就来参加他的婚礼。

小张答应了，并提前安排好了工作。

就这样，眨眼的工夫，国庆节到了，小张准时来到了举办婚礼的酒店，找了一个靠近舞台的位置坐下。在婚礼开始前，年轻帅气的婚礼主持来了一场活跃气氛的开场白。等邀请新娘登上舞台时，又煽情地说："在座的亲朋好友应该都知道，新郎和新娘其实是一对青梅竹马。青梅竹马是一个成语，在这儿，我给大家说一说这个成语的由来：相传，宋代时期有个著名的女词人，她与她的丈夫从小一起长大，可以说是两小无猜……"

在场的宾客听得津津有味，可还没等主持人说完，小张皱着眉头大声说："你说错了，这个成语可不是出自宋朝，它出自唐代诗人李白之手。"

主持人被打断后，脸色一阵红一阵白，在场的宾客也都面面相觑。主持人是一个嘴硬的人，他压着心底的怒气，说："这位先生，您说这个成语出自李白之手，有什么证据吗？"

"当然有，这个成语出自李白《长干行》，诗句是妾发初覆额，折花门前剧。郎骑竹马来，绕床弄青梅。"小张洋洋得意，全然没有察觉周围人捂嘴偷笑的神情。

主持人面色僵硬，看到新郎新娘不悦的神色后，他没再与小张争执，他只好退一步说："刚刚这位先生真是博学多才，都怪我没有查到成语的出处。但这并不妨碍大家认知新郎与新娘青梅竹马的关系。现在，我们有请新郎的小青梅登场……"

因为开场的失误，导致主持人的水准下降，期间频频出错，令新郎新娘很不满意，宾客们没等婚礼结束，就早早离开了。

　　小张离开时，特地跑去和新郎新娘打招呼。然而，新娘脸色很不好看，根本不愿意理小张。小张就问新郎："这大喜的日子，新娘子怎么不高兴？"

　　新郎没好气地说："能高兴吗？这主持人是我们请来帮忙的，你在我们婚礼上跟人家较真，让这场婚礼草草收场，是谁都不会高兴！小张，不是我说你，平时大家不愿意与你交往，就是因为你爱较真！"

　　不看场合，不分地点，一定要争个输赢，这就是爱较真的人典型的表现。就像小张，为了显示自己的才学，在他人的婚礼上较真，显然是不礼貌、不理智的。与这样不懂人情世故的人交往，相信谁都会感到疲惫，而这也是小张朋友少的原因。

　　生活在这个社会中，必不可免要与形形色色的人打交道。这些人不是你肚子里的蛔虫，他们不可能将你的心思揣摩的完全正确，这也就意味着，与他们谈话时，或多或少会听到一个逆耳的话、错误的话。那么，该不该较真？

　　较真意味着争执，尤其对初次见面的人来说，较真会在他人眼中落下极其不好的印象，甚至是会让对方记恨，即使是对熟悉的人较真，也会令他人心中存有芥蒂，关系很难恢复到从前的亲密无间。事后回想一番，便觉得有时候较真是没有必要的，是很不理智的，它会令人得不偿失，令人后悔不已。

　　因此，"较真"既要认真，又要宽容，分情况去"较真"。面对大是大非的问题要讲究认真，而面对一些无关大局的事无须较真，剑拔弩张的僵持则更不能较真。与他人谈话时，如果我们能如此分情况，看场合"较真"，做到宽容大度，做到宰相肚里能撑船，才能最大限度地实现顺畅谈话。

　　曾经有一位成功的商人给数千名大学生做演讲，当演讲进入高潮时，一名学生突然站起来辱骂商人，还批评商人胡说八道。众人以为商人会恼羞成怒，然而商人不仅没有生气，还对那个谩骂他的学生说："谢谢你给我提出的宝贵意见，我会努力改正的。"这个结果令全场一片哗然，大家也给予了商人热烈的掌声。

　　不难看出，如果这位商人太过较真，那么这场演讲无疑会搞砸，在众人心中留下令人唏嘘的形象，而他的不较真却迎来了众人的尊重，让这场演讲有一个完整的落寞。

　　人与人的关系是相互的，当你不留情面地指责别的错误，等你犯错误时，别人也会毫不犹豫地指责你。你选择了包容别人的错误，当你犯错误时，别人也会包容你。其实，每个人的智商都相差无几，很多事没必要争个所以然，要知道，求同存异万物才能共同生存，人与人之间才能和谐共处。

CHAPTER 08

三思后言，
交谈有戒律，务必要牢记

讲话就像泼水，泼出去的水无法再收回，讲过的话也一样收不回，所以话说出口之前要三思，避开别人的痛处，开玩笑适可而止，话到嘴边收半句……总之，交谈有诸多戒律，不应当说的不说，才不会留下不当的后遗症，才能做到初见让人喜欢，长久不让人生厌。

谈话的分寸，就是做人的尺寸

在这个社会上，不管是与人交往，还是托人办事，都少不了与人谈话。谈话是传递信息的渠道，谈的好，可以与他人沟通感情，交流思想。谈的不好，则会与人交恶，招人记恨。可见，谈话并不是一件简单的事，所以掌握谈话的诀窍至关重要，而这个窍门其实就是说话有分寸，交谈有深浅。

通常来说，老一辈的人说话都很有分寸的，他们常常告诫后辈："说话别拿过来就说，要掂量掂量再说。"在这里，"拿过来就说"是指说话时不加思考，随口就说，而"掂量掂量再说"，是指说话时要经过思考和研究。相对比，人们更愿意与说话会掂量，说话有分寸的人交谈。

有这么一个非常著名的故事，说得是明朝的开国皇帝朱元璋。他登基不久后，家乡的亲朋好友纷纷来找他，大家都想沾沾光，捞个一官半职当一当。

有一天，一个自称是朱元璋儿时玩伴的人求见，侍卫将人带到朱元璋面前后，那人扑通一声跪在地上，激动地说起了儿时的趣事："皇上万岁！小民当年随圣驾扫荡庐州府，打破罐子城，汤元帅在逃，擒住豆将军，草孩儿当关，多亏掌将军。"

朱元璋觉得眼前这个人说话特别顺耳，他仔细回忆了下，发现儿时却是有这么一个玩伴，高兴之下就封他做了大官。

这个消息传到当年的另外一位玩伴耳中，他心想："同是儿时玩伴，我去找朱元璋的话，一定也会被封为大官吧！"

带着一颗激动的心，他前去求见朱元璋。一见到朱元璋，他急匆匆地说："皇上，你还记得我吗？我们小时候一块替别人家看牛。有一天，我们在芦花荡里玩，把从别人地里偷来的豆子放在瓦罐里煮。结果还没煮熟，大家就抢着吃了。最后瓦罐打破了，豆子撒了一地，汤汁也泼地上了。当时你只顾着捡地上的豆子吃，连将野草吃进肚子都没察觉。后来，草叶卡住了你的喉咙，危机之下我们拍了你的背，救了你一命。事后我还打趣你一句：'你是饿死鬼投胎吗？'"

这人说完，便开心地等着朱元璋封他官职。

哪想到，朱元璋不仅没有封他当官，而且还恼羞成怒地吩咐侍卫将他拉出去斩了。

同是儿时玩伴，同是叙述一件事，但两个人所面对的结果却截然不同，原因就在于第一个人说话时很有分寸，第二个人说话没有分寸。第一个人意识到朱元璋已经不是儿时玩伴，而是一个掌握他人生杀大权的皇帝，所以说话时极其斟酌，而第二个人依旧把朱元璋当成儿时玩伴来调侃，最后惹恼了皇帝，丢了性命。

谈话是一门学问，而谈话有分寸则是一种修养。那么，该如何掌握说话的分寸呢？

急事要有条不紊慢慢地说

人在着急的时候，思绪会变得混乱，所以在着急时快速说话，话语会很不得体，会前言不搭后语，让听得人云里雾里，这样的谈话无疑是不顺畅的。同时，也会在他人心中留下一个冲动、不稳重的形象。所以，越到急事，要先平复一下心绪，然后有条不紊慢慢说，给他人留下一个遇事不乱、成熟稳重的好印象。

没把握的事要谨慎说

《礼记》中有这样一句话："君子约言，小人先言。"意思是，君子会谨慎地去说话，而小人则会妄言妄语。谨慎是一种修养，是一种态度，对于没有把握的事，要三思而后行再选择说与不说。此外，说的时候措辞要谨慎，不能让他人理解出歧义。

没发生的事不乱说

这是一个信息传播速度极快的时代，即使足不出户也能通过网络知道天下事。这也就意味着，一个谣言不用多长时间就能弄得人人皆知，而被谣言重伤的人无疑会受千夫所指。所以，所有人都要为自己的言行负责，对于没有发生的事，绝对不能乱说，不能胡说。

伤害人的话不要说

俗话说："良言一句三冬暖，恶语伤人六月寒。"言语的杀伤力是无形的，但却又是极强的。与人谈话时，要不说或少说伤害他人的话，要多说一些对人有益、暖人心窝的话。

谈话的分寸，就是做人的尺寸。凡是一个有素质、有智慧的人，身处其境的时候都会知道什么话该说，什么话不该说，不该说话时不说，该说话时好好说。这样的人，必然令人身心愉悦，走到哪里都深受欢迎。

💬 小心，面子"雷区"你避开了吗

人的一生会有许多朋友，朋友可以陪伴你悲伤，朋友可以陪你快乐，朋友可以陪伴你走遍世界的名山大川……但朋友也有亲近和疏远之分。但不管与哪类朋友谈话，说我们都需要注意分寸，不能揭人短处，落人面子。

面子是一个人的"雷区"，不只是你的朋友，你身边的每一个人，包括你自己都是有"雷区"的，只不过有的明显，有的不明显。倘若谈话时不小心踩中别人的"雷区"，无疑会令对方丢脸，继而影响人际关系。只有小心避开"雷区"，才会令谈话变得顺畅，才能让彼此相处得愉悦。

结合实际情况，我们需要注意以下几个方面。

不揭穿别人老底

每个人都会犯错，错误有大有小，小的错误会人们会快速原谅，而大的错误需要很长的时间消磨，甚至是永远都不被人原谅。对于自己不光彩的一页，没人愿意提及。面对放下错误的人时，你需要考虑，这个错误是对方无意犯下的，还是有意犯下的，错误发生后，是否认识到了错误，是否有悔改之意。

李东是一个有故事的人，他年轻的时候特别讲义气，曾帮朋友出头打架，结果导致他人严重受伤，而李东则被抓去劳动改造两年。在改造期间，李东深刻认识到自己放下的错误，并告诫自己出去后要好好做人。由于表现优异，李东提前出狱。经人介绍，李东娶了一个很贤惠的妻子，如今育有一儿一女，生活十分安稳。

出狱后的李东一直在一家工厂工作，因为勤奋肯干，今年被提拔为车间组长的三名候选人之一。经工人们投票，获得票数最多的人才能担任车间组长。

这一天，车间主管召集了车间的所有工人，让大家投票。有一半的人将票投给了李东，因为大家认为李东是一个好好先生，谁有困难，他都愿意帮忙。其中一名候选人见到这样的情形，不禁急了，他大声对大家说："你们大家不知道吧？李东年轻的时候坐过牢。"

这话一出，工人们纷纷面面相觑，接着开始议论起李东为什么会坐牢？有人猜是放下了抢劫罪，有人猜是放下了偷窃罪，甚至有人猜是放下了强奸罪。

李东的面色也是一阵青一阵白，看到大家用怀疑地目光看着他，他恨不得找个地洞钻下去。在他心里，他一生最大的败笔就是坐过牢，犯过事，所以他从来不和别人说起。如今大家知道了，他在这个工厂应该会待不下去了吧！

车间主管一直很欣赏李东，他觉得李东绝对不是十恶不赦的人，而那名候选人当着众人面揭人老底的做法着实让他厌恶。他拍了拍李东的肩膀，鼓励他说："每个人都会有犯错的时候，重要的是能知错就改。你能和大家说说，你年轻的时候犯了什么错吗？"

主管的话很有安抚力，李东平静了一下自己的内心，开始将自己年轻时讲义气为人打架的事儿娓娓道来，并特地强调在改造期间就意识到了错误。令人意想不到的是，大家不再用怀疑地目光看他，而是给予了他热烈的掌声，仿佛是在表扬他敢于面对过去。

至于那名当着众人的面揭人短处的人，车间主管立刻免去了他的候选权。

那名候选人不禁大吵大闹："凭什么要免去我的候选权？"

主管说："因为你的人品有问题。"

"人品有问题的应该是李东，他可是坐过牢的。"

"李东虽然坐过牢，但已经认识到错误，并诚心悔改，而你当着大家的面揭人短处，显然是心思狭隘的表现，你这样的人怎么配当组长。"主管毫不留情地说。

从事例不难看出，揭人老底不仅会给别人带来伤害，也会给自己带来不好的影响。因为大家都清楚，谁都会有犯错的时候，只要不是十恶不赦的错误，都可以被原谅。而揭人短处的人，则会被认为是心思狭隘的小人，这样的人没有人愿意与之相处。因此，在揭人老底前，一定要三思而后行。

不揭穿别人的伪装

每个人每天都会与许多人打交道，面对形形色色的人，有些人会给自己进行伪装，带上一张假面具，用不同的面孔与人交谈。当你发现别人的伪装时，你需要考虑别人伪装的背后是不是一张张为谋生而疲惫不已的脸，考虑到别人的伪装是善意的还是恶意的。经过综合判断，再选择揭穿与不揭穿。因为，揭穿了别人善意的伪装，无疑会落人脸面，让人难堪。

不揭穿别人善意的谎言

每个人都会说谎，但有时候说谎也是逼不得已，是有苦衷的。如果你拿这些问题来做文章，指责对方"骗人"，如同在别人伤口上撒盐，任何人都忍受不了。所以，你要考虑，这个谎言是善意的，还是恶意的。如果是善意的谎言，你可以选择看穿而不揭穿，如此传达出的信息会更和谐。

切记，面子是一面镜子，你给别人面子，就是给自己面子。你选择为他人保留颜面，别人也会考虑照顾你的颜面。

再好的玩笑，也要懂得分寸感

小托马斯·沃森是 IBM 的创始人之子。小沃森自小叛逆，调皮捣蛋，每个见到他的人都害怕被他捉弄。后来，小沃森长大了，大学毕业后成为 IBM 的销售员后，他不再捉弄人，但却喜欢开玩笑。

有一次，公司组织员工去露营，小沃森见同事们都在，便又想开玩笑了。他指着其中一位同事对其他同事说："乔治有一个大秘密！你们知道吗？"

大家纷纷摇头，说不知道。

那位叫乔治的员工一听到小沃森说话，他就感觉头皮发麻，他严肃地说："我能有什么秘密？我自己怎么不知道？大家回去做事，不要听他胡说八道。"

"大家别走，听我说完呀！"小沃森笑嘻嘻地阻止大家离开，然后又说："我说乔治有秘密就有秘密，我现在要告诉你们，乔治的秘密就是他有脚臭。如果他光着脚在你面前走一圈，你一定会被臭晕。"

乔治喜欢的女孩也在人群中，他不想出丑，急忙红着脸辩解："托马斯，你的玩笑一点也不好笑！我的脚真有那么臭吗？你闻过？"

小沃森才不管乔治的脸色，他继续笑着对大家说："我亲眼见过，乔治的脚不仅臭，而且还流脓起水泡，隔着老远那气味都熏得我想吐。他呀，简直就是一座会移动的厕所。"

刚开始，大家觉得开挺好笑的，但小沃森越说越过分，乔治气得脸色通红后，大家就意识到小沃森的玩笑开过了。

乔治是 IBM 非常出色的销售员，每年的业绩都遥遥领先其他销售员。但是"脚臭事件"令乔治得了一个"移动的厕所"的外号。尽管小沃森的父亲亲自领着小沃森向乔治道歉，乔治还是选择离开了公司。

小沃森的父亲意识到，小沃森十分缺乏管教，为了磨炼儿子的意志，学会尊重他人，他将他开出了 IBM 公司，送他去了二战的战场上，当一名士兵。

玩笑是枯燥生活中的调味剂，但开玩笑是有尺度的，而小沃森的玩笑开过了头，严重伤害了乔治的自尊心。先不说乔治是否有脚臭，单单将乔治说成"移动的厕所"，这显然是对其一种人格的侮辱。

幽默大师说:"幽默是一种常常使人开怀畅笑,而自己也乐在其中,享受轻松的快感。"可见,幽默是一种洒脱,是一种积极,是一种豁达,是一种机智。那么,什么是幽默?简而言之,幽默其实就是玩笑。

玩笑并不是想说就说,想开就开,它有尺度而言。将玩笑说在范畴之内,会令谈话的气氛愉悦融洽,会不知不觉拉近人与人的关系。可如果将玩笑说过了范畴之外,那么谈话的气氛会变得尴尬、拘谨,人与人的关系也会越来越远。

为此,在开玩笑时,我们需要注意以下几点。

开玩笑要注意他人情绪

人的心情每时每刻都在变化,选择在对方心情愉悦的时候开一个有度的笑话,会令交谈顺利进行,作用事半功倍。可是,选择在对方心情低落、沮丧的时候开玩笑,会令对方的心情更加糟糕,甚至会遭受对方不理智的对待,令自己得不偿失。因此,在开玩笑前,一定要关注对方的情绪,然后再选择是否要开玩笑。

开玩笑要注意他人的性格

在你的身边,你可以将人划分为两类,一种是度量大的人,一种是度量小的人。与这两种开玩笑一定把握尺度。与度量大的人开玩笑,可以起到调节气氛的作用,也会得到对方大度的笑容与回应;与度量小的人开玩笑,会招来他人的厌恶,如果忍不住开玩笑,那么尽量以自嘲为主。

开玩笑要注意对象

你需要明白，你身边的人并不是所有人都能开玩笑，比如你的领导、你的长辈、你的老师等等，这类人就不是你能开玩笑的人。如果你在这些人面前开玩笑，会令人觉得你不是一个好员工，不是一个懂事的小辈，不是一个好学生。此外，与女性或残疾人开玩笑时，也要适可而止。

开玩笑需要注意场合

不同的场合需要用不同的态度来对待，当你身处严肃的场合，如图书馆、红色纪念馆、殡仪馆、医院等地方，那么你就要用庄严肃穆的态度来对待。这时，无论你的幽默天赋有多高，请一定要藏着掖着。因为在这类场合开玩笑，会给人留下轻浮、不认真负责等坏印象。当你在轻松的场合，如婚礼现场、联欢会等，就可以开一些适度的玩笑，通过欢声和笑语，实现人与人之间的和谐互动。

开玩笑需要注意内容

被人接纳的玩笑通常都是风趣高雅、幽默逗人、内容健康的玩笑，被人厌恶的玩笑通常是庸俗不堪、内容消极、拿别人当作笑料的玩笑。因此在开玩笑时，一定要注意玩笑的内容，就比如不能那一个人的生理缺陷来开玩笑。

俗话说："凡事适可而止。"玩笑也需要适可而止。只有学会把握玩笑的尺度，才能令你成为一个会开玩笑的高手，一个谈话高手。

💬 说话有节制，低调说话，高调做人

如果你是一位画家，你可以用画作来证明自己的绘画本领；

如果你是一位音乐家，你可以用演奏、创作的方式来证明自己的音乐天赋；

如果你是一位科学家，你可以用你发现的定理来向世人证明你是一位科学天才。

本领、天赋、天才，这些都不是由嘴巴说出来的，它是由实践证明而来。然而，生活中不乏会遇到喜欢夸夸其谈，喜欢卖弄自己的人。明明肚子里没有三两水墨，却将自己宣扬成大文豪；明明胆小如鼠，却逢人就说自己是超人；明明发了一点小财，却认为自己比比尔·盖茨还富有。

这类人不会衡量自己的水准，他们张口就将自己的能力夸上天际，当你问他们有什么高见时，不是打诨就是支支吾吾，哪有高见可言。可见，与人谈话时，夸夸其谈、处处卖弄显然是一种极坏的习惯，这样人没有魅力可言，往往每次自认为最得意的时候，殊不知就是他人最讨厌的时候。

著名的思想家列夫·托尔斯泰曾经说过："一个人就好比是一个分数，他的才能是分子，他对自己的评估是分母，分母越大，分值越小。"可见，越是高高评估自己，越显得自己的才能平庸。所以，在于人谈话时，我们要学会正确评估自己，

学会说话有节制，适时而鲜明地表明自己的态度即可。

小宋大学毕业后，来到上海一家公司工作。因为能说会道，能力不错，没几年就被提升成了小主管，收入还算可观。每回小宋回老家，亲朋好友都会夸他年轻有为。久而久之，小宋也觉得自己是一个非常有本事的人。

一天，小宋接到高中时期班长打来的电话。班长说："老同学，最近忙不忙？劳动节假期，我们要举办一场同学聚会，你有时间参加吗？"

"当然有时间，算我一个。"小宋想也不想就答应了。小宋觉得，自己在高中和大学同学中，混得应该是比较不错的，他想向同学们炫耀一番。

就这样，劳动节如期而至。小宋穿着西服，带着价值不菲的手表，开着车一路从上海到老家。聚会上，同学们一见到小宋，一个个羡慕起小宋。

"老同学，你这块手表好几万吧？这都快赶上我一年的工资了。"

"你身上这套西服没个几万块，应该拿不下来吧！"

……

听着同学们的羡慕的话语，小宋越发虚荣，他假意摆摆手说："这些东西比起我在上海买的房子和车子，根本不值得一提。"

小宋的话一说出，有些同学们皱起了眉头，小宋的高中同桌小张忽然好奇地问："上海的钱有那么好赚吗？"

小张是小宋在高中时期关系特别高，只不过高中毕业就没再联系了。小张大学毕业后，工作很不称心，没有一份工作能干满三个月。他麻烦了许多同学、朋友给他介绍工作，但他眼高手低，不是好工作绝不去干。现在，他在一家公司做策划，工资也还过得去。

小宋并没有意识到自己的炫耀惹来同学们的不满，他继续夸夸其谈："上海的钱，说好赚也好赚，说不好赚也不好赚，关键看个人能力。我前一段时间帮公司谈了一笔大生意，董事会联合商议后，决定给我分一些股份。"

"有股份，那就是公司的小老板，在公司也有一定的话语权了。老同学，真没想到你高中时看起来不起眼，哪想到现在是我们同学中混得最好的。"小张感叹地说。

小宋听后，得意地说："大权没有，小权还是有的。"

"那能做主给公司聘请员工吗？"小张问得有些急切。

"这些都是小事，我当然能做主。"小宋想也不想就回答。

小张给小宋倒了一杯酒，意味深长地说："小宋啊，我俩是老同学，又是同座位，关系怎么说都比其他同学要好。你看，我要是有机会去上海发展，你一定要关照关照我。"

"你放心，只要有用得着我的地方，我一定会帮你。"小宋笑着说，心里毫不在意。不过，小张却将小宋的话当了真。

聚会结束后，小张马不停蹄地辞掉了现在的工作，他给小宋打电话，想让小宋给他开后门进他所在的公司。哪想到，小宋一口拒绝了。小张不禁怒气冲冲地说："老同学，你真不够意思，你不是说聘请员工是小事，不是说会帮我吗？怎么真有事了，拒绝地比谁都快？哼，我倒要让同学们认清楚你翻脸不认人的真面目。"

小宋听后，只能苦笑，都怪他这张嘴，当时只管夸夸其谈，卖弄自己，现在自食恶果了。他不只好如实招来："我在公司只是一个小主管，我的房子车子都是贷款买的，至于给我股份的事儿是公司董事们开玩笑说的，我现在哪有什么话语权呀！"

小宋明明只是公司的一名收入尚可的主管，却不顾及现实，硬是将自己说成权力大、收入高的公司高层，还信口开河地答应帮小张的忙。结果，现实来得太快，很快就被揭穿了，丢了一个大脸。其实，承认自己的真实生活并不是一件丢脸的事，丢脸的是妄自抬高自己被揭穿以后，一旦对方知道你是在说大话，就会产生厌恶、不信任的情绪，谁又愿意和这样的人谈话和交往？

在与他人谈论时，你说得未必完全正确，别人说得未必完全错误。所以，不要为了哗众取宠而去反驳别人，不要为了突出自己而去夸夸其谈。你有多大的本领，就干多大的事，你知道自己几分几两，就说几分几两的话。只有说话有节制，说话实事求是，别人才会愿意与你交谈和交往。

纵观身边有大智慧的人，他们从来都是高调做事，低调做人，说话不仅不夸大自己，反而谦逊有礼，所以这些人十分受人尊重，人们都愿意与之谈话和交往。如果你也想成为这样的人，不妨巧妙地"低调说话"，少说空话、大话，甚至做到不说话，脚踏实地做人做事，就能达到做人的高境界。

💬 谁言世事不可说，只是看破不说破

黄渤是一位实力派演员，他的高情商和会说话是娱乐圈公认的。

前不久，黄渤与其他明星参加了一档综艺节目，节目中有一个夏季运送冰块的环节。黄渤的方法是用棉被将冰块包起来运送，不过其中一位明星很反对，他觉得棉被会将冰块捂化。尽管黄渤给出了解释，但那位明星还是无法理解，并一个劲地坚持己见。最后，黄渤只好笑着感叹："看来我们生长的环境果然不一样。"

通常有一点生活常识的人都是知道，棉被具有保温的作用，就像许多卖冰棍的冰箱上会搭上一床棉被。那位明星显然缺乏这方面的生活经验和知识储备，但黄渤并没有说破，而是用一句幽默的话一笔带过。

看破不说破，这就是会谈话的体现。

看破一件事，有人会选择如实揭穿，有人会在揭穿时添油加醋，有人会选择当作不知。那么，看破一件事，该如何去做呢？这需要分析对待。如果这个事件是恶意的，你可以无情地揭穿，如果这个事件是善意的，你可以斟酌是否要揭穿，如果这个事情是无关紧要的，你可以选择看穿而不揭穿。

苏芮在一家奢侈品商店工作，因为认真肯学，渐渐掌握了辨别奢侈品真假的技能，经过几年的实践，现在可以一眼辨别奢侈品的真假，而她也被升任为店长，极受老板信任。这一天，店里迎来几个女孩，苏芮默默地跟在一旁服务。

几个年长的女儿围着其中一个年龄稍小的女孩，一边说，一边发出羡慕的惊叹声。

"哇，欣欣，这手上拎着的包包是香奈儿钻石版限量款吧，有钱都不一定买得到！"

"你脖子上带着的这款宝格丽项链也好漂亮啊，可惜太贵了，我一直都没舍得买。"

"你手上戴着的手表和戒指也都价值不菲吧？还有你身上的衣服是小范家出来的新款吧，真的太仙了！"

……

"是吗，我对这些东西都不了解，这些都是我男朋友送给我的。"名叫欣欣的女孩一脸得意，但说出的话却不以为然。

"哇，你男朋友也太好了吧？"

"这样的男朋友可以给我来一打吧！"

几个女孩羡慕不已地说。

忽然，其中一个女孩注意到了站在旁边的苏芮，她突然说："现在奢侈品的山寨货太多了，欣欣，你的男朋友会不会不识货买到假货呀？我听说这家奢侈品店的店员都有一双辨别奢侈品真假的眼睛，要不让这位店员给你掌掌眼？"

欣欣眼里闪过慌张，她想也不想立马拒绝："不用，我身上这些肯定是真的。"

"哎呀，费不了多少时间的。"女孩说着，将欣欣推到了苏芮面前，然后又对苏芮说："您好，我听说你们店里可以免费帮人鉴别奢侈品的真假，你可以帮我朋友鉴定一下她的包包和项链吗？"

"当然可以。"苏芮微笑着说。

那名叫欣欣的女孩脸色涨得通红，她局促地看着苏芮，非常心虚。苏芮仅仅扫视了一眼，就看出女孩身上背着的包、首饰是高仿货，普通人根本看不出真假。不过，她并没有拆穿，而是笑着对众人说："这位小姐身上背着的包和佩戴的饰品都是真的。"

欣欣松了一口气，她感激地看了一眼苏芮，并购买了店内的两件商品。

每个人都是一个独立的个体，每个人都有属于自己的生活方式，有的人会选择生活在现实中，有的人会选择生活在自己编织的美梦里，谁也没有权利当着别人的面说好与不好，因为这都是他人的选择。如果你一看破就说破，的确有时候会显得你很厉害。可你有没有想过？被说破的人，会不会难堪呢？

事例中的欣欣是一名不足二十岁的女孩，而这个年纪的女孩无疑是最爱面子的，自尊心也极强。如果苏芮当着这么多人的面揭穿她的谎言，无疑会给她难堪，而苏芮本人也会招来女孩的记恨。好在苏芮非常机智，她选择看破不说破，因此她不仅得到了女孩的感激，还令店里销售出两件商品。

很多事情，看破不说破是一种阅历和涵养的叠加。

看破，而不说破，其实就是在给他人台阶下，这种做法从来都不会让别人难堪，还能不着痕迹地化解尴尬，让人如沐春风。你给了别人面子，别人自然也会给你面子，有句话说得好"三十年河东，三十年河西"，说不准有一天你的事也会被他人看破，那时候自然也不希望被人当面说破吧。

CHAPTER 09

回应恰如其分，
维系良好交谈气氛

谈话本质上是一个交互式的行为，你来我去，你言我语。若只是一方兴致盎然、滔滔不绝，而对方寡言少语、无动于衷，这样往往会出现冷场的僵局。所以，互动是非常必要的。恰如其分地回应对方，是对别人的一种基本的尊重，更能维系良好的交谈气氛。

温柔的诱导比施压更有用

我们进行谈话，最终是想要达成我们的目的，或许是说服对方，或许是从对方的话语中获得某些信息。但不管是哪一种，我们都需要创造一种轻松、愉悦的谈话气氛，让对方乐意谈，谈得有兴趣，谈得有情绪，谈得很投入。谈话氛围直接影响着谈话人的情绪和兴趣，因而也就直接影响谈话的效果。

谈话的气氛是双方共同维持的，只要有一方破坏了气氛，甚至将气氛闹僵，那么对方对你的好感程度就会下降，防备心会相应的提升，那么势必会从和谐走向尴尬，甚至会发生谁都不想看到的冲突。接下来，不管你是想要达成说服的目的，还是获得更多的信息，都会变得非常困难。

王皓和妻子最近有购车计划，这天两人一起到一家 4S 店选车。按照王皓的想法，他想要买一辆入门级别的宝马车，价格在 30 万左右。但是他的妻子却不这么想，他的妻子认为买一辆入门级别的宝马车毫无意义，不如买一辆凯美瑞等比较实用的车，虽然配置稍差一些，但价格便宜，而且保养费用也比较低，从长远来看还是很划算的。两人一进 4S 店，就有一位销售人员热情地迎了上来，当得知女主人有意向购买一辆凯美瑞汽车的时候，他就为他们详细地介绍了起来。

在销售人员介绍完以后，王皓还是心有不甘，说："我还是觉得宝马更好。"王皓当时只是跟妻子发发牢骚，没想到销售人员马上就开始从各个角度对比宝马的入门车和他介绍的那辆凯美瑞的优劣。每介绍完一项，就有些不屑地问王皓一句："你说的那款宝马好在哪？"当这句话被问出第三次的时候，王皓还没发火，妻子就先发火了，她扔下一句"不要了"，就拉着王皓离开了 4S 店。

事后，妻子解释道："虽然这位销售人员所说的话都是站在我的立场上，表示凯美瑞的性价比要更高，但是我觉得这种咄咄逼人的态度对我老公非常不尊重，而且显得我们必须得买下他介绍的那款车才算有眼光，完全就像给我们施压一样，这让我感觉很不舒服。尽管我很喜欢那款车，但我还是离开了。"

人是不能被说服的，人都是要自己领悟的。即便是所有的话都有道理，咄咄逼人的态度尚且不被他人接受，何况是道理尚未能说服对方的时候呢？所以，我们在进行谈话的时候，不要咄咄逼人，而要通过恰如其分的回应去引导对方，这样既能保持谈话时的良好气氛，又能保持双方良好的互动。

态度问题是最重要的问题

在前面的章节我们也已经提及，同样的一句话，用不同的语气、不同的态度说出来，给人的感觉完全不同。态度从情绪而来，你要在谈话中带着情绪，稍不注意说话的方式方法，或者明显地用不好的态度说话，那么即便说的是好话，对方听着也是刺耳的，就会立即反射性地表现出拒绝的态度。

就如同之前那位销售人员，尽管他没有任何一句话说错了，但是他的态度让人不舒服，比如不屑地问顾客一句"你说的那款宝马好在哪？"，让人有压迫感，让人觉得自己不被尊重。当对方认为你不尊重他的时候，那么这次谈话不管怎样都是要崩溃的。你想要达成自己的目的，是绝对不可能的。

因此，在谈话的过程中，我们必须要控制自己的情绪，让自己的头脑保持冷静，时刻想着这次谈话是抱着怎样的目的进行的。而去既然是一种互动性交谈，双方必然是平等的。那么，不卑不亢，态度柔和，是必须要保持的，这样才能将谈话气氛保持在一个大家都觉得舒服的程度上，便于达成自己的目的。

不能完全否定对方说的话

我们在与对方谈话，想要达成自己的目的时，对方会采用各种各样的方式来否定我们说的话，我们也总会想方设法地进行反驳。此时，如果完全否定对方，让对方下不了台，那么不仅这次谈话不能达成目的，还会造成更多的误会。面对这种情况，我们既要反驳对方，又不能完全否定对方说的话.

某位演员在出席一场慈善晚宴的时候，与几位企业家同桌。其中一位企业家似乎对演员这个行业颇有微词，席间不停地谈论他听说的那些娱乐圈混乱的事情，比如演员逃税漏税、漫天要价、私生活混乱、耍大牌之类，还向这位演员征求事情的真伪。这位演员当然知道娱乐圈的确有这类事情，但是只是极少数，只是因为他们演员是公众人物，所以这些事情才会被放大，给人们一种娱乐圈里都是这种人的错觉。这位演员既想要维护演员的名誉，又不想让对方难堪，于是想了一下，回应道："这位先生的消息真灵通，在这个圈子里的确是有这这种事，但是我们公司对于演员的管理是非常严格的，绝对不会有类似的事情发生。"

这番话既没有直接反驳对方，又巧妙地将自己和公司的名誉维护住了，可谓非常巧妙。

帮对方说出正确的话

很多时候谈话气氛的不融洽就是因为双方的意见不合，你有你的想法，对方有对方的想法，双方不能达成一致，越说火药味越重，甚至最终上升为争吵，最终不欢而散。

其实完全没有必要，在谈话的时候，我们既要说出道理，又要有适当的留白。这段留白要给对方思考的时间，让对方自己想到正确的情况是什么样的，正确的话应该怎么说，一旦对方思考完毕，你说的没错，最终就会说出和我们设想一样的话。这样就能够没有任何冲突、没有火气的达成共识，皆大欢喜。

举一个例子，保险员向别人推销保险时，经常有人用"保险没有用"的话拒绝，此时一味地介绍保险的好处，论证保险如何有用，这种"填鸭式"的猛烈攻势，只会更令对方相当反感和抵触。

下面看看这位成功的保险员是如何做的：

保险员："先生，我想请教您一个问题。一个人一辈子再有本事，两件事无法控制：那就是疾病和意外！对吧？如果在人生的旅途中可能遭遇三种不幸的事故：失业、残废、死亡。

依您的看法，哪一项是最严重、最可怕的？"

"当然是残废了！"男子毫不犹豫地回答。

"的确是这样，"保险员微微一笑，接着说道，"本来一个好好的正常人，突然变成残疾了，那心理上一定很痛苦。而且残废之后，一般就上不了班了，没有收入，只能依赖四种经济来源，家人、朋友、社会福利，还有一种就是保险。假如您可以自主选择的话，请问您会选择哪一种？"

男子想了一会，回答"我独立惯了，没想过依靠别人，不好说。"

"在许多大灾难前，我们往往无能为力。"保险员叹了一口气，"您想，残疾了得治疗吧，家里再有钱，一下子支出一大笔钱，家人以后得省吃俭用，生活品质明显下降；家里没钱的话，就算人缘好，能借到钱，面对一大堆经济和人情债务，谁心里能好受？靠社会，拿低保，给多少是多少，您觉得有尊严吗？"

这些都是实话，男子听得莫名的辛酸……

"但是，保险是自己创造的，"保险员又说，"当您躺在病床上时，送您 1000 元的可能是亲戚朋友，送您 10000 元的可能是兄弟姐妹，送您 50000 元的是父母和子女，但送您 100000 元、200000 元、500000 元……让当事人安心治病，而且不用还的只有保险公司！从这个角度说，保险就是尊严，您说是不是？"

但凡会谈话的人都不会强加任何观点到别人身上，因为他们很清楚施压是没有用的，必须想办法让别人自己认可。正如上述话术中，我们没有急迫地向客户灌输保险的优势，而是有条不紊的将观点阐述给客户。一番言辞虽然看似简单，但循循善诱，丝丝入扣，在不知不觉中就刺激了客户对保险的需求。

循循善诱永远比强势施压有用，北风和太阳的故事大家都听过，一味地施压只能让对方将自己保护的更好，将自己的安全地带缩得更小。你想要触及能够说服对方的领域，就需要花费更多的时间和精力。所以，我们必须学会循循善诱，这是保持谈话气氛的最佳方案，往往也能取得最好的谈话效果，

满足了对方的期待，就能开开心心沟通

谈话这件事情其实非常简单，只要抓住重点就可以了，重点就是让对方满意，这只需要说对方喜欢听的话就可以了。谈话之所以困难，是因为我们在谈话过程中不仅要让对方满意，还需要表达我们的观点和看法，维系良好交谈气氛，这才是谈话的难点。

既然明白了谈话过程中的重点和难点，我们只要将这两件事情合并就可以达到目的。

在谈话的过程中，每个人对于话题都会有自己的期待，认为自己的谈话内容是最正确的，认为事情的走向应该按照自己的想法进行。如果谈话双方都坚持表达自己的看法，坚持想要影响事情的走向，那么势必就会破坏良好的气氛，引发对方的不满和抵触，没有人愿意看到事与愿违的情况。

为此，我们要适当表达自己的看法，先满足对方的期待，

接下来就能开开心心沟通。

中国的国花是牡丹花，传统认识中，牡丹有代表富贵的意思。很多人都喜欢在家里挂一副牡丹花，以求家中富贵。在一次画展上，一位颇有地位的老人向著名画家喻仲林求了一副牡丹画，这本是一件各取所需的好事，没想到，几天后老人给喻仲林打来电话。在电话中，老人要求退掉这幅画，因为这幅画中有一朵牡丹只有半边。老人购买画本是想要求个好的寓意，但是只有半朵花，原本的富贵只有一半，往严重了说，这可以被称为富贵不全了。

听了老人的话，喻仲林想了一想，马上就给出了回答。喻仲林略带惊讶地说："什么？你们认为这叫富贵不全啊？我给那幅画取的名字可是叫富贵无边啊。"

老人一听，连声称好，再也不提退画的事情了。

喻仲林的解释就是按照对方的想法说出了自己的意思，老人购买这幅画是想要有一个好的寓意，想要将"富贵"挂在家里。因为花只有一半，所以觉得寓意不好，才要求退画。老人的期待就是好的寓意，喻仲林就给了他好的寓意，一句"富贵无边"增添了更加好的寓意，完全消除了老人的顾虑。

这种谈话技巧是值得学习的，因为并不是每个人都能针对对方的想法马上做出让对方满意的反应。想要达成这种效果，我们需要掌握以下几种技巧。

从对方的想法出发，将原本的事情换种说法

中文的博大精深令人难以想象，但正是因为中文的复杂性，导致一句话要通过讲话者的态度，针对的具体事情，说话的环境等，才能具体理解一句话究竟要表达的意思是什么。这就意味着，一件事情可以有多个描述的角度，从不同的角度描述给人带来的感觉也是截然不同的。也正是因为如此，我们也就有更多的机会能够从对方的想法、角度出发，将原本的事情换种说法。

同样的一句话能够让对方开心，也能够让对方不开心。同样一件事情，不同的描述同样也有着不同的效果。就如同以上案例，同样一朵只有一半的牡丹花，可以叫富贵不全，也可以叫富贵无边，给人带来的是完全不同的感受。富贵不全完全不符合对方的期待，而富贵无边则非常契合对方的期待。

将你想要说的话夹在对方想听的话里

在一场谈话中，我们往往说的东西有很多，但是指向实质的话所占的比例却不大。为了维持谈话的良好气氛，不妨将你想要说的话夹在对方喜欢听的话里。这样一来，你既能将自己想说的话表达出来，又能使对方能够保持好心情，谈话能够保持好的气氛，那么自然你会距离自己的谈话目的越来越近。

俗话说"庄稼总是别人的好，孩子总是自己的好"，没有父母会觉得自家的孩子不如别人的，不管是从外貌上还是头脑上。特别是在孩子小的时候，只要出了什么事情，必然是孩子或者其他人的主观因素决定的，而并不是来自客观条件不足。但如果孩子真有问题，我们又该如何巧妙地说呢？

当很多家长询问老师孩子的学习状况时，老师多半会给出"这孩子头脑聪明，就是不用功。"或者是"他就是不努力，要是努力一下，肯定成绩会好很多。"的说法。这两种说法的重点都在后半部，孩子只要肯努力成绩一定会进步。努力和进步，在学生时代几乎是相伴的事情。毕竟学业本身并不困难，主要是靠主观努力去提高，不管孩子是否聪明，只要肯努力是一定会有成绩的。而前面称赞孩子头脑聪明的话只是客套而已，如果老师单单只说后半句，那么家长的心情就没有那么好了。虽然后半句绝对是对的，但是对于家长来说没有意义，甚至还会认为老师在敷衍。

肯定对方的说法，先肯定，后否定

谈话的过程中，每个人都想要表达自己的意见，一旦自己的意见遭到反驳，那么心情自然会受到影响，谈话的气氛也就因此受到了影响。我们要学着不反驳对方，在绝大多数时候赞同对方说的话。但是我们也必须要表达自己的意见，甚至需要反驳对方的意见，最终达到双方之间的一种共识，这才是谈话的关键。

使用这种方法的时候，不能完全赞同对方说的话，即便是不能反驳，也不能彻底沉默。因为有些事情是原则性的问题，是根本问题，一旦承认，或者沉默，我们可就连表达自己意见的机会都没有了。那么我们的谈话就失去了根本的立足点，接下来即便是能够说话，也不可能达成目的了。此时，可以尝试先肯定，后否定的说法，这可使你的意见让对方感兴趣并乐于接受。

俊伟是一家健身器材的业务员，最近主推一款跑步机。这天，他正向一位客户推销这款跑步机，该客户是一个运动达人，对跑步机很在行，直言"这款跑步机不是最新款"。

俊伟微笑着回答："您一看就是行家，这件产品的确不是最新款，却是最畅销的。"

客户又说："看起来这款机子质量也不好，并不能用太久。"

俊伟脸色变得严肃了，"买东西都有一定的顾虑，尤其是这种运动器材，必须质量过关，否则很容易发生危险。但是您可以放心，这机子是我们厂子卖得最好的，为什么畅销？就是因为它质量过关，经久耐用。"

表达自己的看法，是我们谈话当中最重要的事情，是我们谈话的最终目的。而对方的期待，是我们在这个过程当中可以利用的工具。我们要抓住根本，争取一切可能，寻找一切机会说自己想要说的话，配合对方的期待保证谈话气氛，使对方不知不觉接受你所说的话，最终实现谈话目标。

人的弱点，往往在于好为人师

师者，传道受业解惑也。世界上任何一个国家，对于老师都是非常尊重的。想要成为老师，并不一定要从事教师这个职业，只要能够成为帮他人传道、受业、解惑的人，都可以被称为老师。很多人好为人师，因为做他人的老师能证明自己在某个方面是非常有能力、有知识的，可使虚荣心得到极大满足。

在谈话过程中，如果我们能够巧妙地利用对方的弱点，满足对方好为人师的心理需求，那么谈话气氛必然会非常融洽、和谐。

张程是某手机品牌的忠实用户，尽管这家公司每年都会推出新的手机，每次新品都是褒贬不一，但是他仍然会坚定不移的购买。用他自己的话来说，那就是这款手机虽然有缺点，但是有些功能是其他手机替代不了的。刘安是张程的上级领导，是个非常较真的人，在他看来，张程喜欢的这个手机品牌根本不行，不断的生产垃圾，只有脑子不好用的"粉丝"才会去买。两个人的立场完全对立，但是由于双方只在工作的时候接触，也就没有爆发什么冲突。

一次，公司举办周年庆活动，张程和刘安坐在同一张桌子上。张程刚刚看完新手机的发布会，兴奋地和其他同事分享起来。就在这时，刘安冷哼了一声，表示这发布会完全是在吹牛，之前哪年的发布会吹上天的东西，落地以后还不就是那样。张程不服气，双方很快就要吵起来了。就在这个时候，张程突然冷静了下来，他今年就在加薪的关头，这个时候得罪领导可不是什么好事。

此时的气氛已经有些剑拔弩张，突兀的改变态度，恐怕刘安会察觉自己的变化，于是，张程开始转换说话的方式，他说的话从"这款手机明明不是你说的这样"变成了"那你说说这款手机会是什么样"，态度也逐渐地温和了起来。当刘安给出他一个问题的答案以后，他的态度就温和一分，两三个问题以后，双方已经从争辩变成了一方向另一方虚心请教，而刘安的态度也日趋温和。

最终，张程用一句"要不是您今天给我讲了这么多，我还觉得这手机真不错呢。"来做结尾，气氛和乐融融。

谈话就是一种博弈的过程，有些人想要证明自己比别人强，而有些人想要通过谈话达成自己的目的。张程和刘安各取所需，最终达成共识，顺利完成了一次谈话。

向别人求教，也要有一定的技巧，如果没有技巧的求教，很有可能弄巧成拙。不仅不能获得对方的好感，反而会让大家都下不来台。

想要用向别人求教来保证谈话气氛，要注意以下几点：

若提出的问题无比正常的话，那自然对方便会乐意帮忙解答；若提出的问题过于犀利过于偏激的话，如直接询问对方对某个人的看法等时，不仅容易影响他人对的你评价，更可能会在无形之中疏远你们之间的距离。

选择对方能够回答的领域

不管是像谁求教，求教什么事情，我们在提问之前要了解对方是否擅长这个领域的问题，对方对这个是否有研究。一旦问题的深度超过了对方的知识面，或者问题过于高深，过于偏门的话，对方不能回答，那么你的求教就不是保证气氛的和谐，而是让对方下不了台，直接将谈话引向尴尬。

问题要有一定的层次

利用对方好为人师的心理，主要是为了满足对方的虚荣心，让对方有面子。那么，给什么样的人当老师有面子呢？当大学老师肯定比当小学老师有面子，所以你要问的问题要有层次。只询问一些新手问题，对方回答了固然开心，但是难免会认为你是为了提问而提问，并非真心求教。

其实，每一个问题的背后，都隐藏着一个人的认知。提问的问题要有一定的逻辑性和层次性，经过自己的实践和思考后提炼出来的问题，自然含金量更高，也能更吸引对方，让对方在为人师这件事情上尽兴。

在电视剧《欢乐颂》中，邱莹莹和关关都曾因为爱情，请教过安迪。

遇到胆小懦弱的应勤，邱莹莹哭着问安迪，"我该怎么办？"

而关关则问安迪："真的要将就一份爱情吗？"

很明显，两个问题的深度不同，这都是对人生的认知不同造成的。

虚心求教才是真的求教

求教的态度是非常重要的，真心求教和敷衍了事的求教，对方显然是看得出来的。并且，如果你的求教真的有用，对方自然会被你戳到兴奋的点，话匣子就会打开。

这里的虚心并不完全是态度上的虚心，态度自然要有，但是技巧同样要有。在求教的时候，只问一个问题，那么这种所谓的求教自然是带着目的性的，是不走心的。而如果能够根据对方给出的答案继续问下去，才证明你是真的想要求教。如果能够抓住对方答案中不完整的地方，或者是有疏漏的地方进行提问，那么就说明你特别重视这个答案，听得非常认真。这个时候，对方也能够继续更深入地说下去。

求教最好要有指向性

谈话的对象有时候不止一人，很多人在一起谈话，如果你要求教，那么必须要有一个准确的目标。这个指定目标的方式，可以用独一无二的定制问题来做。例如，"番茄炒蛋怎么做"这个问题就是没有指向性的，在座的人只要会做都是你发问的对象。但如果你问"最近火箭队的表现是怎么了"，这个问题就带有一定的指向性，一定得是关注 NBA 的人，一定得是火箭队的球迷才能好好回答这个问题。

问题可以有指向性，语言同样也可以有指向性。语言的指向性最好是直接面向对方提问，或者在语言中带上明确的指向。例如，"番茄炒蛋怎样做"变成"平时您是怎样做番茄炒蛋的"，这样就非常明显的指明回答的对象了。

好为人师的心态是每个人都有的，只要你能够恰当地满足对方的表现欲、虚荣心，那么谈话的气氛就会好很多，接下来要谈的事情也会变得更加顺利。

尬聊比不聊更可怕

聊天，对很多人来说是一件很简单的事。但如果双方不在一个频道上，明明对方的话题自己不擅长或者不感兴趣，比如对方喜欢的游戏你不玩，对方喜欢的电视你不追，对方喜欢的动漫你不看，还要没话找话，强行聊下去，那么聊天气氛就容易陷入冰点，这种情况就是尬聊，分分钟让人想逃。

为了避免这种尬聊情况，为了更好地迎合对方，许多人谈话时会借用不懂装懂的技巧。但是使用这个技巧一旦被识破，无一不是搬起石头砸自己的脚，是一种得不偿失的行为。

老陈是保险公司的销售，他有一个相熟的客户是个资深足球迷，老陈经常和对方聊自己踢球的事情，但其实老陈本人对足球并不了解。尴尬的事情发生在世界杯期间，老陈与客户一起看球。老陈认为这是个增进感情，维护与客户长期关系的好机会，于是就买了几瓶啤酒，带上一点下酒菜来到客户的家里。

世界杯开始之前，客户与老陈聊起了世界杯，客户表示自己是阿根廷的球迷，对于热门球队老陈还是听说过的，双方聊梅西聊得不亦乐乎。绝大多数时间是客户在说，老陈在附和，所以并不吃力。聊了一会，客户开始问老陈支持那支球队，老陈尴尬了。他其实一次世界杯都没有看过，对足球也知之甚少，绞尽脑汁才从想到上学时同学们聊过的一些足球话题。于是，老陈果断表示，自己是意大利的粉丝，当年皮埃罗如何的勇猛，这届世界杯虽然意大利夺冠的可能性不大，但是自己还是会支持意大利的。

就在老陈说完这番话以后，客户的脸色就变得有些难看了，话也随之变少。几分钟以后，客户离开了一会，回来的时候告诉老陈说，公司临时有事，突然要开会，将老陈请了出去。

当时老陈没觉得有什么问题，客户临时有事这种事情也很平常，但是一连过了好几天，他不论如何联系那位客户，都得不到任何回应，老陈这才明白麻烦大了。当天老陈冥思苦想也找不到答案，后来他才从儿子的口中得知，意大利这次根本没有进世界杯，老陈的不懂装懂让他丢失了一位老客户。

老陈之所以假装自己了解足球，明明是为了更好地迎合客户，是一种想和客户聊天的方法，为什么客户反而对他置之不理呢？

接下来，我们就来分析一下：

不懂装懂，本质上是一种欺骗别人感情的行为。有些人认为这句话说的太重了，明明只是将话顺着对方说，找让对方开心的话题，怎么就成了欺骗感情了呢？

我们知道，当人们遇到拥有与自己共同爱好的人的时候，总会展现出格外的热情。特别是那些爱好比较小众的人，哪怕有一个人能够跟他们有共同的爱好，很快就会将其当成是自己的知音，热切的与对方分享自己的爱好。但是，当他们发现对方并不懂自己的爱好，只是装出懂的样子的时候，那就说明之前自己的满腔热情全都分享给了空气，分享给了一个完全不懂的人。这时候的心情，不亚于将钱扔进水里去了。对牛弹琴，用来形容这种状况再合适不过了。

不懂装懂，说明你的接近是别有用心的。"无事献殷勤，非奸即盗"，这句话相信大家都听过。不懂装懂就是一种明显的讨好，就是一种明显的献殷勤，那么说明对方接近的目的一定不单纯。换位思考一下，被你当成是朋友、甚至是知音的人，当你知道他接近你的时候，只是想要赚你的钱，或者是想要达成自己的某种目的的时候，你会是怎样的心情呢？这个时候的心情应该是非常复杂的，有愤怒，有悲伤，有沮丧，但是唯独不会有任何正面情绪。那么，在面对这个人的时候你还能有什么好脸色呢？别说是继续谈话了，恐怕就连见到对方都会让心情马上变差。

因此，在与人谈话时，我们要有诚恳老实的态度，知道就是知道，不知道就是不知道，尽量不要不懂装懂。特殊情况下，如果迫不得已使用这一技巧，为了避免被识破，我们也要进行一些准备，这样才能保证万无一失。即便是被识破了，我们也能够有足够的应对方案，维系良好的谈话氛围。

保证自己不在基础问题上犯错

任何话题都是有一些基础向的问题的，例如体育赛事的规则，例如某些明星的代表作品，例如某些文艺风格的代表人物和代表作。与人谈话时，如果你想要不懂装懂的话，务必要确保自己知道这些基础内容的情况下再装，不然的话，你的表演就非常容易被对方戳破，甚至刚刚开始就已经失败了。

知错就改，从老手变新手

这是建立在已经明白话题的基础，开始谈论进阶内容的时候。在这个范围里，犯错是非常正常的事情，一不小心就暴露了自己不懂装懂的事实。当对方发现你并不像你自己描述的那样懂，不妨马上降低自己的地位，把自己放在一个刚入门的新手上，把谈论话题变成学习话题。根据我们前面说过的，每个人都有好为人师的想法，那么你不妨让对方当一次老师，当你虚心求教的时候，即便对方知道你不像自己说的那样厉害，也多半不会认为你是在不懂装懂，只是你懂的比较少而已。

亡羊补牢，为时未晚

我们可以假装一时，但不能假装一世，即便当天蒙混过关了，以后也总是要露馅。如果不想暴露不懂装懂的真相，如果想要长期维护关系，那么就必须"不知则学"。如果有自己不懂的方面，那么回去恶补是最好的选择。人不可能对任何事物都很了解，必然有很多需要弥补的地方。学习是由不懂到懂的唯一途径，是弥补缺陷、弄懂问题的法宝，是积累知识、充实自我的方法。

当你从不懂装懂变成真懂的时候，自然就没人发现你之前是不懂装懂了，到时你自然也就能轻松自如地侃侃而谈。

有人损你，给他一个漂亮的"回马枪"

当我们和其他人进行谈话的时候，并不能保证在场的每个人都抱着同样的目的在进行这场谈话，也不能保证所有人都有较高的情商能够不说错话。总有人会为了达成自己的目的，去讽刺别人，去挑衅别人，"哎呀，你真的是笨得没治了！""这连衣裙多漂亮呀，可惜穿在了你身上。"……

你遭受过这种损话的伤害吗？

面对这种情况，如果我们选择默不作声，那么对方势必会得寸进尺，认为你是个可以随便捏的软柿子。相反，如果我们激烈还击，又势必会让谈话气氛变得尴尬，让在场的所有人都对你产生不好的印象。所以，我们必须要找到一种既能还击，又不失礼貌，还能维持住谈话气氛的方法。

有一位作家，因为各种原因始终没有走红，但是他却从来没有放弃过。年复一年，日复一日，他的一本小说终于大卖，取得了非凡的成绩，还获了奖。

在颁奖典礼上，一位老对头皮笑肉不笑的来到作家身边，当着所有人的面说："我拜读过您的大多数作品，这种风格跟您以前的作品不太一样。难道是借鉴了谁的作品？还是干脆有别人帮忙呢？"这位对头的做法不可谓不狠毒，虽然语气、态度都非常的礼貌，但却是非常直接的挑衅。矛头直接指向作家，指控他的能够获奖的新作品是抄袭或者代笔的。

如果作家在颁奖典礼上发作，那么即便不是抄袭作品，第二天的新闻也会写得非常难听。而如果不反击的话，岂不是坐实了抄袭、代笔的指控？此时，只听作家不紧不慢的回答："真是谢谢你的夸奖了，您居然读过我的所有作品，对我的风格如此了解。那么请问，您下的定论，这本新作的风格不像我的风格，是谁替您读了我的小说？"

作家用如此机智的语言化解了对头的指控，不仅没有让颁奖典礼的气氛受到影响，反而为这次典礼增加了新的噱头。

在与人谈话时，我们不能期望总是能够在生活中遇到好人，也不可能人人都对我们笑脸相迎，甚至很多时候我们也会被他人所误解，所嘲笑，所轻蔑，弄得十分尴尬。在这种时候，只有运用智慧的反击，做得有理有节，才能既给对方上一堂"损人必损己"的课，又达到维护自身尊严的目的。

那么，具体我们应该如何做呢？

不管什么时候，遇到挑衅都要保持冷静

冲动是魔鬼，这句话再有道理不过了。很多人将冲动看作是勇气，这其实是一种非常幼稚的想法。特别是很多女孩在自己受到挑衅的时候，总是希望身边的男朋友能够二话不说就冲上去和对方打架，发生了这种事情有谁是这件事情当中的受益者吗？何况冲动与勇气并非一线之隔，两者相差很远。冲动是不需要思考的，在不知道后果，不分析原因，不做任何补救方案的情况下就冲动行事，只会为事情带来最糟糕的结果。

就如同那位作家被挑衅的时候一样，如果他不能保持冷静的头脑，和挑衅者发生激烈的争执，那么颁奖典礼的气氛就很尴尬了。虽然双方脸上都不好看，但是毕竟他才是颁奖典礼的主角，一旦他冲动起来，所遭受的损失远比挑衅者更大，那么就掉进了对方的陷阱，正中对方的下怀。

因此，我们在遭遇挑衅的时候，要做的第一件事就是保持冷静。只有在冷静的情况下才能做出最好的决定，才能不让自己的语言偏离自己的思想，才能找到对方语言中的漏洞，才能想到那些妙语连珠的反击，才能保证自己的还击是有效的，而且这样做益发能显现出你品格的高尚。

还击，关键点在于一个还字

"还击"这个"还"字使用的非常精髓，既说明了我们所要面对的情况，也能够表示我们需要使用的技巧。我们之所以还击，是因为我们受到了挑衅，事实上我们不是想要破坏气氛的那个人，反而我们因为必须要维护要谈话的氛围，以保证实现自己的目标，最好的办法就是用对方挑衅的方式还击对方。

张家和李家都是当地有名的菜农，张家做生意非常厚道，从不缺斤少两，农药用的也比较少。时间长了，张家漂亮的蔬菜逐渐有了名气，甚至有不少批发商从城里慕名而来，大批量的采购张家的蔬菜。李家从种植规模上来看丝毫不比张家小，但是做生意经常缺斤少两，蔬菜打理的也不好，因此生意越来越差。

一个秋天，正是当地人储存秋菜的时候，很多商贩来到张家批发白菜。李家人看着眼红不过，张家今年收获白菜的数量和自己家差不多，但是眼看张家都快卖完了，自己家还没什么动静呢，于是在旁边阴阳怪气的说："就那么点地就出了那么多的菜，说不定用了什么见不得人的药。"正在称菜的张家人眼都没抬说："要是有人跟你家买菜的时候我也这么说，毕竟咱们两家收的差不多。"

用对手的方法去还击对方，哪怕只是简单的一句话、一个比喻、一个结论，你都可以拿来为我所用，将尴尬不知不觉地转移给对方，让其自吞苦果。不管是从自己的角度还是从旁人的角度来看，这都是最有分寸的方法。毕竟是对方先挑衅的，你使用一模一样的方式来还击，不管从哪个角度来说也和不礼貌、心胸狭隘这种评论没关系。

巧妙使用反问，让对方自扇耳光

很多尖酸刻薄的人在挖苦别人的时候根本没有想过自己的立场在哪，只不过想图一时之快，话都没经过大脑就已经说了出来。面对这种将说酸话融入本能的人，直接反问就能将他其他挖苦的话全部送回去，则能起到用他自己的话，扇他自己耳光的效果。这样一来，对方只能无话可说、心服口服。

老梁参加同学聚会，在聚会上，一位同学不停的显摆自己有多么的成功，什么都懂，什么都行。从天文到地理，几乎什么都让他吹了个遍。老梁坐在旁边不说话，这些事情随他吹去吧，反正跟自己没什么关系。那位同学吹来吹去，吹到了股票上。其他的不少同学也对股票非常感兴趣，听得津津有味，甚至有几位开始向他请教，买那几支股票比较可靠。那位同学也不客气，开始大咧咧的谈起几支他比较看好的股票，推荐了起来，其中推荐的又以不停下跌的为主，按照那位同学的说法，这些都已经要触底反弹了。

说其他的事情老梁能当没听见，但是股票可不能。如果其他同学听了他的推荐，去买股票，那么损失的可都是真金白银。于是老梁马上加入了话题，谈了一下自己的看法，特别是根据老梁的了解，其中几家公司已经濒临破产，马上要退市了。那位同学见一直默不作声的老梁不仅抢了自己的风头，还反驳自己的说法，在旁边语带讥讽的说："没想到啊，咱们老同学里还有一位什么都明白的华尔街大亨啊。"老梁看了一眼，冷冷地说："我不是，你是吗？"对方顿时哑口无言。

凡事都应该做好最坏的准备，毕竟不是所有人对你都是带着善意的。一旦在谈话的时候遭遇了挑衅，那么就必须要迅速做出反击。冷静地考虑对策，巧妙地依法炮制，从中选出既关键又有力度的最佳方案，机智地进行反击，给对手一个漂亮"回马枪"，变守势为攻势，效果肯定好极了。

CHAPTER 10

忠言不要逆耳，
把难听话说得"委委"动听

常言道"良药苦口利于病，忠言逆耳利于行"，
可是谈话太逆耳了，再是忠言也不利于行，有时
还会导致不必要的麻烦，毕竟没人愿意听到不
好听的话。对于会谈话的人而言，即使是"忠
言"，最好也不要"逆耳"，他们会把难听话说
得"委委"动听，就像"良药"裹上糖衣而不再
"苦口"一样，效果反而会好得多。

💬 欲抑先扬，让批评更"好听"

俗话说"金无足赤，人无完人"，世界上没有绝对完美的人，当我们在和别人交往的时候，往往会发现别人身上有着各种各样的缺点和不足。这时候，你会如何做？

从理性的角度看，当局者迷，旁观者清。当我们发现别人的过失时，及时地予以指正和批评是很有必要的。如果没有批评，那么犯错的人认识不到自己的问题，下一次还是会犯错，一错再错。但是直接批评同样不好，这样显得非常不近人情，极易引起对方的反感和顶撞，造成关系的紧张。

忠言逆耳利于行，我们要说忠言，但是首先要保证忠言是有效的，其次逆耳的程度不能太过，否则就会迎来巨大的反弹。所以，当我们对别人予以指正和批评时，为了让对方能够心平气和的接受，一定要使用一些技巧。我们可以采用"欲抑先扬"的方法，这往往比直接批评效果更好。

"抑"就是压下去，含有批评之意。"扬"就是扬起，也就是赞扬。所谓的"欲抑先扬"，就是批评时先对优点进行表扬，造成一种良好的氛围，然后再婉转的提出批评。人人爱听奉承话，没有人不因受到夸奖而心情舒畅的。听到别人对我们的某些长处表示赞赏后，再听到批评，心里往往会好受得多。

例如，有个学生考试没有考好，一位老师将他单独叫了一旁，指着他的鼻子说："你这次考试怎么考得那么差，肯定是平时没有用功。如果你下次再考的这样，你就找你的家长来，看看你怎么跟你家长交待。"

另一位老师则选择了不同的方法，他对学生说："你最近学习态度比以前要好了，上课认真听讲，课后也能认真的完成作业，为什么这次考试没考好呢？是不是考试的时候紧张了？考试老是考不好可不行，你要继续努力，争取把自己的成绩提上来。"

哪种效果更好，应该是显而易见的。第一位老师的"忠言"不仅不会让学生努力学习，改进成绩，反而会让学生产生逆反心理，甚至自暴自弃。而第二种呢，不仅能够将忠言落在实处，而且会激励学生的上进心，让学生更加努力地去学习，即便这种效果不能长期保持，但在当下肯定是有效的。

再比如，某位员工平时工作颇有成效，偶尔出了一次质量事故，领导人找他谈话说："你最近的工作表现不好，我对你很失望。"这位员工听后会是什么感觉？肯定会觉得委屈，感觉领导不重视自己，感到以前白干了，从而产生抗拒心理。如果我们换一种说法："你做事向来都很稳妥，对工作也很负责，这次出现问题一定有别的原因吧，你需要好好检讨一下才行。"相信这样既可以让员工主动放弃心理上的抵抗，对你的批评也就更易于接受，进而很好的解决问题。

批评的话语不能过于直截了当，而要欲抑先扬。先表扬，后批评。使对方的紧张情绪慢慢缓解，再和颜悦色地说上几句批评的话，甜中带辣，往往能使对方心悦诚服。不过，在使用这种方法的时候，我们有许多要注意的地方。

"扬"的尺度一定要把握好

"扬"的过程是必需的，但是尺度一定要把握好，要有非常自然的过渡。如果将对方扬的过高了，那么接下来你的抑就很难落下来。你如此看好对方，突然开始说些难听的"忠言"，那么你之前说的话是否是真心的就非常可疑了。

"抑"要引出表达的内容

"扬"不是我们的愿意，只是一种手段，"抑"才是真正的目的。为了更好地"抑"，"扬"可以有很多类型，但都要引出你要表达的内容，最后落实到"抑"上。例如，当一名老师想要改掉学生懒惰的毛病时，最后的"抑"就要放在懒惰这件事情上。即便这个学生还存在其他很多的问题，但是不妨先"扬"起来，表扬学生头脑聪明、人缘好、孝顺等，只要我们最后的"抑"不脱离主题就好。

欲抑先扬要分清楚重点

很多时候人们搞错了欲抑先扬的重点，为了给对方做更多的心理铺垫，说了太多的好话。如果扬的太多，偏离重点太远，接下来到了抑的时候，对方根本就不把你抑的部分放在眼里，那么和直接批评没有什么区别。

凭借几年的勤奋努力，小黄终于成为自己部门的负责人，开始着手管理部门中的其他员工，他决心要努力做出一番成绩。通过一番观察，小黄发现这些员工多少都有不足的地方，也需要及时地批评指正，但是这是一件非常棘手的事情，毕竟自己刚刚上任就批评众人，很容易给人一种得势就变脸的小人印象，于是他开始使用"欲抑先扬"的方法来告诉这些人身上有哪些缺点。

前台小雅是个新来的女孩，刚刚大学毕业，很没有时间观念，经常迟到，这让小黄非常头疼。于是，小黄决定先找小雅谈一谈。

"小雅，有你做咱们的前台实在是太好了。你形象突出，又会打扮，谈吐也非常合适，真的特别棒。"

"哎呀，你夸的我都不好意思了，你要不说我都不知道我有这么多的优点。"

"是啊，你平时的工作态度多认真啊，你看看别的部门那几个，上班的时候要么偷着看电视，要么偷着用手机聊天，哪有几个心思在工作上的。"

"可不是嘛，我这个最大的优点就是认真。只要交给我的工作，我肯定放在心上，认真去完成。"

"这就对了，要是人人都像你这样就好了。但是小雅，你最近好像总是迟到，特别是迟到了还让同事帮你打卡，以后别这样了。"

"知道了知道了，以后不会再犯了。"

谈话就这样结束了，那么小雅改掉迟到的毛病了吗？没有。这段谈话结束以后，小雅心里想的是："我已经有那么多优点了，却还是只赚这么点薪水，迟到算个什么事情。"随后就将小黄的话抛在脑后了。

批评不用非要红眉毛绿眼睛地大肆发泄，它可以是缓缓道来的，也可以委婉动听，总之它应该是善意的，在潜移默化间为他人指引正确的方向。别人必然会记在心里，会打心底里感激你、敬佩你。

那些高开低走的人，都是交浅言深

每个人的忍受能力都是有限的，这种有限并不是指对方的性格有问题，没有耐心，或者听不进真话，而是即便是有用的话，说的再多也是难以听得进去的。有些人即便一开始能够心平气和地接受批评，随着谈话一直持续，如果忠言的比重仍然不断上升，超出对方的忍受，那么对方早晚也会爆发。

清和自幼天赋异禀，上初中的时候就已经能够熟练的演奏钢琴，甚至能够自己作曲了。但是他有一个问题，那就是非常迷恋弹奏的技术，在谱曲的时候也是以炫耀自己的技巧为主。这个问题让老师非常头疼，因为一味地追逐技巧，所弹出的曲子是缺乏感情的，日后也难成大器。这个年纪正处在想象力最丰富的年纪，如果能够摆正心态，那么势必能够创作出很多经典的曲子。

老师一次次的劝说清和，不要盲目地追求演奏技巧，不要让曲子是作为炫耀技巧而存在的。老师本是出于好心，但他忘记了过犹不及的道理，也没有想到一个人要改变自己的习惯并非一朝一夕的事情。一开始的时候，清和还能虚心的去听老师的话，反思自己的过失。但是时间长了，清和开始不耐烦起来。当老师强调了几十遍以后，他终于怒不可遏的质问老师说：

"即便演奏技巧不是全部，但总是非常重要的吧。你一再劝我不要专注在技巧这一件事上，是不是怕超过了你？"

说完以后，清和再也没有想过要改变自己习惯的想法。几年以后，老师担心的事情果然发生了。清和长大以后成了一个一心炫耀技巧的演奏家，能够听懂他演奏的只有其他的演奏家，普通人根本不能理解他所谓的"炫技"。至于作曲，他唯一能够被大众欣赏的曲子只有小时候的作品。

就因为这位老师反反复复说了太多的忠言，不仅逆耳，还让清和产生了逆反心理，最终才起到了完全相反的效果。

"过犹则不及，物极则必反"。忠言是必要的，但一定要适度，点到即止最好。因此，当我们在交谈当中要规劝某个人时，要说出一些逆耳的忠言时，即便完全是为了对方着想，也要注意自己是不是说的太多了。除了说的太多之外，逆耳的忠言在不同的人口中说出来，也会产生不同的效果。

孟凡经常自诩是他人的"人生导师"，喜欢开导别人，喜欢跟别人讲心灵鸡汤，也喜欢听别人向自己倾诉生活上、工作上的不如意。久而久之，他已经不觉得"人生导师"只是自诩的了，开始将"人生导师"这个称呼当成了自己的责任。但是，并不是所有人都愿意接受他的开导，愿意向他倾诉的。

一次，孟凡看到公司新来的美工小徐心情很差的样子，于是凑上去问小徐："怎么了小徐？是不是碰见了什么不开心的事情？"

小徐摇了摇头说："跟家里吵架了。"

孟凡一副过来人的样子，对小徐说："怎么了，是家里给的压力太大了吗？"

小徐沮丧地说："是啊，家里嫌拿回去的钱太少。"

孟凡语重心长地说："你们这些年轻人，就是不知道好好的规划自己的收入。年轻的时候当月光族，背着名牌包包，戴着名贵手表，用着高档护肤品，以后怎么办？多给家里拿钱是好事，父母会帮你把钱存起来，将来当成你的嫁妆还不好吗？跟家里认个错，以后多给家里拿些钱就是了。"

孟凡原以为自己这一番话讲得情深意切，小徐一定会听进去。谁知，小徐愤怒地站了起来，对孟凡说："你到底知道什么，就在这里大言不惭地自说自话。"说完就跑开了，留下孟凡一个人一头雾水。后来，孟凡才从其他同事口中得知，小徐的父母因为传销的事情欠下了 30 多万，全靠小徐辛苦工作来偿还。小徐每个月都只留下保证自己最低生活限度的钱，而父母却还是不停地逼她。

虽然孟凡说的话并不好听，但却是怀着一颗好心，怀着善意去谈话的，为什么小徐不但不领情，反而愤怒地指责？很简单，孟凡并不完全了解对方的立场，也不了解整件事情的过程，只凭借着自己的想法去说大道理。这个时候，这些忠言不仅不能起到劝说作用，反而是对对方的一种伤害。

所谓交浅言深，就是这个道理。有多深的交情，就说多深的话。如果所说的话超出了交情的范围，尤其是在和谈话对象不太了解的情况下，不知道对方的任何情况，你却大讲道理，那么不仅没有说服力，反而会引起对方的反感，最终结果极可能是揠苗助长，摧毁了双方进一步深交的机会。

那些高开低走的人，都是交浅言深。

总之，一旦激起对方的火气，再好的话也不能起到原本的效果。我们在谈话时要注意这一点，不仅要保证忠言是抱着好的目的，更要注意说话的分寸，掂量一下自己和对方的关系，根据彼此的关系掌握尺度。只有话语合理合度，方式方法适宜，别人才能够心服口服，最终真正达到你的目的。

两点之间并非直线最短

谈话，并不是一件一次性的事情，不需要用语言将对方逼入绝境，更不需要一次性就将所有的事情都说完。特别是你要说的话不那么好听，不是会让人开心的话，有时候直来直去地表述，反而会让人非常反感和抵触。此时，不妨给对方留些余地，让对方自己醒悟，明白你要表达的意思。

一山间开着一家酒馆，生意兴隆。但酒馆老板脾气急躁，容不得别人讲他半句坏话。

一天中午，一个过路人来这家酒馆吃饭，要了一瓶酒和一些饭菜。刚喝了一口酒，这人就大叫起来："这是什么酒，好酸啊。"

一听有人说自家酒酸，酒店老板满脸怒气，拿起棍子就去打那位顾客。

这时又进来一位顾客，一边赶忙拉架，一边问道："为什么打人？"

"哼，"酒店老板气恼地说，"我这是一家远近闻名的老字号酒店，谁不知道我的酒香甜可口，这人偏说我的酒是酸的，你说他该不该挨揍。"

"不妨让我尝一口，再做评价，"这人说道。他倒了一小杯酒，谁知只尝了一口，眼睛眉毛就酸得皱在一起了，他连忙放下杯子说，"老板，你把他放了，打我吧！"

酒店老板也倒了一杯酒，一尝，原来他错拿醋当酒了。

后一个顾客用一句轻松的俏皮话，将自己的意思曲折地表达了出来，耐人寻味且寓意深刻，既尊重了酒店老板，不至于让对方难看，又使对方明白了酒的确是酸的，使对方愉快地接受了意见，从而在和谐的气氛中达到了沟通目的。这就是旁敲侧击的妙用，可以迂回婉转地让对方自己认识到问题所在。

两点之间，并非直线最短。有些话，直着说不如曲着说有效。

这就是旁敲侧击的妙处，意在言外，贵在含蓄，是最不伤害感情的劝说方式，即便是对方和你关系并不好，也不会因为你旁敲侧击的说话方式怪罪你，毕竟当你开始使用旁敲侧击的方式来说话的时候，已经是在顾虑对方的感受了，并且也会感受到你这样说是为了他好，最终达到劝服人的目的。

想要更好地使用这种方法，我们需要注意以下的几种情况。

抓住时机，注重时效性

"旁敲侧击"具体运用时会根据当时的对象、环境、气氛等情况灵活发挥，具有很强的时效性，运用"旁敲侧击"要注重时机，善于抓住机会，选好突破口。

我们在劝说别人的时候往往会面对两种情况，一种是我们说的话是针对对方长期行为的一种方式。例如希望对方改掉自己某种不好的习惯，或者是说服对方在某个方面能够更进一步。不管是哪一种，达到最终的目的是最重要的，至于什么时候能够改变反而并不是需要第一时间考虑的事情。毕竟这些状况有些已经存在很久了，要改变需要的是潜移默化，而不是一朝一夕的猛药。

而另一种情况则是事情发生在很短的时间里，几个小时，甚至是几分钟已经是极限了。如果在这段时间里不能让对方改变一些行动方针，那么事情将发生不可逆转的改变。在这种情况下，使用旁敲侧击的方式就是不合适的。最好能够单刀直入，让对方马上明白自己的问题出在哪里，立刻做出改变。

重视结果，运用灵活性

我们在使用"旁敲侧击"的方式时不必过于在意能否巧妙地将想法传递给对方，而不停寻找最合适的说法，我们只需要灵活地达成目标就好。

就如同那个笑话一样，如何礼貌地提醒一位男士他裤子的拉链开了？只要告诉他，他领带的拉链开了就好。领带上有拉链吗？自然是没有的。这句话本身就没有逻辑，更没有任何道理，但是却非常实用。当你告诉对方领带上的拉链开了时，即便是他明知道领带上是没有拉链的，也会低头看看。只要他肯低头看，就能够看见自己裤子上的拉链是开着的，那么我们的目的就已经达成了。

把握限度，不必太执着

"旁敲侧击"的方式具有含蓄性，在实际运用中有一定的局限性，不能作为处理一切问题的"灵丹妙药"。尤其在一些原则性、政策性很强的问题上，其作用显得乏力，所以在你使用旁敲侧击，如果对方一直没有给你正确的回应时，就不要过于执着。换一种方法，也许能够更快更好的达到目的。

某学校举行篮球比赛，在比赛前几天，学校的主力后卫扭伤了脚踝，只好让刚刚转学来不久的替补球员先发上场。由于是新转学来的，大家对他都不怎么熟悉，等到比赛进行了一会以后，大家才发现这位球员虽然个人技术出众，但是球风非常"独"。在进攻的时候第一选择永远是自己，实在没有机会才会考虑队友。当教练发现这个问题以后，马上叫了暂停，对他说："你的个人技术非常不错，但是我希望你能够学习一下 NBA 球员史蒂夫·纳什的球风，你知道史蒂夫·纳什是谁吧。"在得到了肯定的回答以后，教练接着说："那好，希望你一会能够有更好的表现。"

结果让教练大失所望，这位球员仍然我行我素，甚至比刚才那会还要夸张。眼看比赛已经进行了一半了，球队面对比自己更弱的队伍，却仍然落后。教练再也按捺不住自己的心情，朝着场上大喊："别那么独，多给队友传球。"没想到，就这么简单的一句话就让这位球员醒悟了过来，接下来的时间他开始积极给队友传球，球队的默契程度比之前要好得多，球队最终顺利获取胜利。

一个比喻用得好，胜过一大段大道理

你可知林肯在任总统期间最反感的是什么吗？是下属每天

送到他白宫办公桌上的冗长而复杂的官方报告。

有一次，林肯审阅一份文件，文件很长，他看到第六页时仍没有搞清楚文件想要阐述的具体观点，全部看完十四页文件，林肯才全部弄清楚其中的含义：要求给贫困人员发放额外救济金。林肯愤怒地说："如果我派一个人出去买马，我并非是希望这个人能告诉我这匹马的身上一共有多少根毛，我只想知道它有什么特点。并不复杂的事情却用了最复杂、最啰唆的语言来陈述，就是在浪费生命。"

林肯在批评他人的错误时，用马作比喻，形象而恰当，这是高明的谈话技巧。

比喻是我们最常用的一种修辞方式，当我们很难描述一件事情，一个物体，或者是第一种状态的时候，比喻是最快让对方理解我们意思的方法。我们可以将比喻用在谈话中的每个部分，自然包括如何将忠言说得更加"委委"好听。有时，比喻比直接劝说更有用，有些直来直去做不到的事情，比喻却可以。

在宋朝时期，有这样一段故事，为我们说明了这个道理。

有一个秀才对自己的文章非常自信，但是其他人却都觉得他的文章作得不好。他觉得自己非常委屈，周围的人都不懂欣赏他，让他们看自己的文章，简直是明珠暗投。为了改变自己怀才不遇的窘境，他决定将自己的文章拿给当时的文坛大家苏轼看看。他想，苏轼才高八斗，一定能够欣赏自己的文章。

这天，秀才做了一篇新的文章，他觉得这是自己的巅峰之作，便赶紧拿给苏轼看。苏轼默不作声地看了一会，提起笔来在纸上写下两行评语："两个黄鹂鸣翠柳，一行白鹭上青天。"

秀才看着评语，兴高采烈地走了。

从那天起，秀才逢人便说自己的文章水平得到了苏轼的肯定，并且还在上面提了"诗圣"杜甫的绝句。其他人不信，秀才就将那篇文章拿出来，给让大家品鉴。在场的众人不管如何品味，都品不出这篇文章究竟好在哪里，明明只是一篇很普通的文章，为何苏轼会给予如此高的评价呢？

众文生实在想不出其中的意思，于是找到苏轼，希望苏轼能够亲自解释这篇文章中的深意。没想到，苏轼笑着对他们说："两个黄鹂鸣翠柳，说的是我根本不明白这文章说的是什么。一行白鹭上青天，说的是我也不知道这篇文章的意向究竟指向哪里。"

苏轼所使用的这一比喻可谓非常高明，既含蓄的表达出秀才写文章的水平不高，也没有当面给秀才一个难堪。

比喻是一种形象化的修辞手法，是运用具体的事物说明抽象的道理，变复杂为简明，表述婉转而有较强的说服力。可见，我们如果能选取比较恰当的比喻，把精辟的论述与摹形拟象的描绘糅合在一起，就能将难听的话说得更高雅，逆耳的忠言变得更好听，更有说服力，更容易被人接受。

一个恰到好处的比喻，胜过一大篇平淡的大道理。不过，在运用这一形式时，有两个方面注意需要牢记：

用人们熟悉的事物作比喻

运用比喻说理简洁明了，喻体非常广泛，俯拾皆是，但必须选择人们熟悉的事物，才能生动具体、浅显易懂，使人容易理解和接受。如果运用了人们不熟悉或不好理解的事物作比，对方就不知道你到底在表达什么意思，就不能很好地理解你讲的道理，就会出现巨大的隔阂，导致谈话不畅。

例如，如果要你形容一颗西瓜有多大，你会如何形容？说直径？还是说周长？其实这些都不直观。但是如果你说是一个篮球的大小，或者是一个足球的大小，或者是用平时生活中更容易看见的东西做比喻，那么就非常的明显，最容易让对方理解。

灵活使用不同的比喻对象

同样一句话，使用不同的比喻对象，起到的作用，获得结果是既然不同的。例如，形容某个人非常固执，可以用"不撞南墙不回头"，也可以用"不见棺材不掉泪"。但是上年纪的老人是非常忌讳说棺材的，显然第一种比喻更好。再如，比喻一个旧习难改的人的时候，我们可以用"江山易改，本性难移"，也可有用"狗改不了吃屎"。如果当面使用第二个比喻的话，恐怕对方会当场翻脸。

更好的使用比喻，能够让难听的话变得好听，能够让逆耳的忠言变得不那么有棱角，更容易被人接受。所以，在说忠言的时候，不妨提前准备一些巧妙的比喻，让自己的忠言更有说服力，更有亲和力。

忠言好不好听，取决于你站在哪里

人活在这个世界上，每时每刻都在走动，而一旦停下来交谈的时候，脚下所站的位置就成了至关重要的因素。同样的一句话，站的位置不同，说出来也会有不同的效果。站在高处说话，和站在低处说话会有截然不同的效果。与对方面对面交谈和站在对方身边交谈，起到的效果也不一样。

吴哲是某软件公司的设计部门的程序员，他刚刚入职不久，但是部门里所有的人都喜欢他。特别是领导，总是特别听他的意见。一次，有一位程序员在新版本更新以后才发现自己负责部分的代码没有完成，这导致很多用户在更新完软件后不能使用其中的一些功能，投诉、差评让客服部门叫苦不迭。部门负责人非常震怒，表示要让这个犯错的程序员卷包袱滚蛋。很多人劝说负责人，不要意气用事，谁都有犯错的时候，更别说这次版本更新时间那么紧，犯错也是正常的。部门负责人铁了心要将这位犯错的程序员赶走，表示谁劝说都没用，谁再说就跟他一起滚蛋。

吴哲平时很佩服这位程序员的水平，并且两个人年纪相当，平时十分的要好，所以他决定当一次"说客"，主动找到了部门负责人："领导，您消消气。他们都不理解你为什么发这么大的脾气，我明白。这版本更新完不能用，对于咱们部门来说是一个不小的问题，如果让客户觉得咱们的信用有问题，那咱们的软件以后也就卖不出去了。部门效益不好，咱们的收入也就上不去。您发火，也都是为了咱们好。"

部门负责人怒气冲冲地说："可不是，他们根本都没明白这个问题有多严重。就凭着这一件事，开除他一点问题都没有。"

吴哲接着说："可不是，不说别的，光是让咱们重新解包，改代码，再打包，再上传发布，就是挺麻烦件事。但是，本来咱们部门人手就紧，现在又出了问题，需要马上把软件改好。开除了他，咱们需要的时间就更长了。他水平也不错，念在他也是初犯的份上，就饶他一次。之前他是主要负责人，更明白如何补救，让他将功补罪，尽快改好，将我们的损失降到最低，岂不是更好？"

部门负责人想了想，撤回了开除那位程序员的决定。

吴哲的做法，很好地为我们展示了站的位置不同，起到的作用也不同。团队成员看到有人因为一次犯错就被开除，自然是人人自危，当所有的人都站在普通团队成员的角度上来谈论这件事情，却没有想过像部门负责人一样从整个团队的角度来看待问题，那么起到的作用是微乎其微的。

吴哲找到了正确的切入点，这个切入点就是整个部门的利益。当他表示，自己能够理解部门负责人做出的决定时，双方就已经站在了同一个角度上。当他同样站在整个团队的角度上分析利弊的时候，显然是更加有说服力的。因此，最终别人说服不了的人，他说服了。别人办不到事，他办到了。

站的角度不同，忠言的说服力也就不同。而讲话的高度不同，能够起到的效果也是不一样的。并不是正确的答案总是能被采纳，并不是正确的意见总是能被接受，有时候不是你说的话没有道理，而是因为你凡事以个人为中心，没有从对方的角度出发，没有考虑对方的感受，说出的话自然没人听。

除此之外，还有些人明明站的太低，却用站在高处的方式说话。

郭坤是一位知名导演，他讲述过自己年轻时经历的一件事。

　　当时郭坤还不是导演，只是一个不知名的小编剧。他对于电影有着自己独特的理解，经常向导演提意见，但是导演却从来都不采纳。几次以后，导演不耐烦了，对他说："你不过就是个小编剧，哪那么多废话。要不我不拍了，你来拍。"吓得郭坤再也不敢多话了。与郭坤表现相反的是，另外一位合作的编剧就非常受导演的青睐。导演经常和他一起讨论剧情，讨论该如何运镜，演员在这个场景应该如何表演，这让郭坤百思不得其解，为什么导演对他态度那么好，对自己态度那么差。

　　一次，郭坤无意中听到了那位编剧和导演的谈话，他们的对话是这样开头的："X导，您好，您看看这个镜头这样拍好不好？还是这样拍更好呢……"接着郭坤回想了一下自己和导演说话的开场白："X导，我觉得这个镜头应该这样拍……"他顿时明白了问题出在哪里，如果他觉得怎样拍，导演就怎样拍，那么剧组里谁说了算呢？

　　日后，郭坤逐渐改变了自己说话的方式，学到了越来越多的东西，成为了一名出色导演。

　　每个人都有自己站的位置，不同的位置有不同说话的方式。即便是好的建议，即便是应该采纳的忠言，如果说话的方式是自私自利的，是盛气凌人的，或是喧宾夺主的，那么也会让对方觉得不舒服。所以，应该多多考虑别人的感受，对于事情的考虑更周全，说出来的话自然也就更有分量。

CHAPTER 11

敢说"不"，
把"不"说得恰到好处

▌

许多人不敢说"不"，因为拒绝别人必然增加对
方心中的不快和失望，会影响彼此的感情，甚至
反目成仇。说"不"如此之难，那我们到底应该
怎么说出口？先承后转、用词委婉、美言在先
等，这些都是既让对方知难而退，还能保持心情
顺畅的谈话技巧。

拒绝只对事，不对人

在生活中，很多人遇到过类似的事情：朋友圈，好友让你关注点赞，好帮助他赢礼品；父母让你接待家乡来城里办事的亲戚；你的工作还没有完成，同事却让你帮他的忙……这时候，你该怎么办？不帮忙的话会得罪人，帮忙了则让自己陷入麻烦和忙碌之中，对方还不一定领情。

临到周末了，同事们都在筹划着周末两天去哪里玩或者去哪家餐厅吃饭时，吕芳却为自己安排了满满的"任务"，而且都是别人的事情：第一项，去图书大厦替经理买一本管理类图书；第二项：周六下午陪好朋友挑选婚纱；第三项：周日上午要陪婆婆去和房客签约；第四项……"唉"，成天为别人的事忙碌，很累很烦也很不情愿，吕芳不禁发出一声叹息。

闺蜜对吕芳说："谁让你逞强的，总是应下一大堆事儿？"

吕芳回道："我也没办法呀，别人都开口了，我怎么好意思拒绝人家？"

同事太了解莉莉了，她正是那种有求必应的热心人，只要别人开了口，她总碍于面子，怕惹别人不高兴，心里再不情愿也要硬撑着答应下来。"不"字从她嘴里蹦出来，似乎比登天还难。到头来，往往搞得自己心力交瘁，疲惫不堪……同事们知道吕芳很"热心"，便毫不客气地请她做这做那，"吕芳帮我把文件发了""吕芳帮我订一下午饭"……

吕芳有求必应，结果分内的工作都给耽误了，屡次遭到了经理的批评。

毫不客气地说，吕芳之所以有今天的痛苦，就是不懂拒绝的缘故，完全是咎由自取的。吕芳虽然对这些事情很反感，但是从来没有明确地表示过反对，也没有采取变通的办法，就这么任由事情发展，直到自己深陷其中，无力承受。

在这里要特别提醒大家，心理学上有一个登门槛效应，又称得寸进尺效应。有时候你不懂得拒绝，一旦接受了他人的一个微不足道的要求，他人就认为你是愿意的，摸透了你的心理后，就有可能支使你继续干下去或者提出更大的要求，这种现象犹如登门槛时要一级台阶一级台阶地登。

试想，你做着自己不愿意做的事，你允许他人不断地利用你，而且是较高、较难的要求，心中的负担和痛苦日积月累，倘若有一天你终于失去了耐心，把积累的怨气一并爆发，想一想，那情形和结果将是怎样的？毋庸置疑，你一直害怕被破坏的和谐关系，你一直努力维持的善良形象，都将轰然倒塌。

为此，面对不合理或者违背我们内心意愿的要求时，不管这个要求有多小都不要答应，要学会坚决地说"不"。我们应该认识到，拒绝并不代表着得罪人，也不意味着随意怼人。

当然，拒绝不是简简单单地说"不"，还要讲究一定的技巧和方式，既能让自己摆脱麻烦，又能让对方容易接受。我们应该让对方明白一个道理，"这事儿我帮不了"与"我不帮你"是两个不同的概念。即便对方提出的要求是无理的，我们也应该让对方明白我们只对事，不对人。

　　程东是一名普通的交警，平时的任务就是在路上执勤、指挥交通。可是，也有很多熟人、亲戚通过各种关系找他，原因很简单：想要找他解决车辆违规的问题，以便免于处罚。可程东有自己的原则，从来不会做违反原则和纪律的事情。

　　一天，程东接了个电话，是远房一个表弟打来的，而且非常热情和客气。程东心想：这个表弟之前没有怎么联系过，怎么今天就想起来看我了呢？果然，几句寒暄之后，表弟说明了自己的意图：他的车前几天违章，被扣除了 6 分。可他之前已经被扣过分了，再扣分就满 12 分了，有被扣留驾照的危险。这下表弟可着急了，重新考驾照事小，可自己公司的业务繁忙，如果耽误了相关业务那就麻烦了。于是，表弟希望程东帮帮忙。

　　一听表弟的话，程东想要义正词严地拒绝。可他也知道，如果自己说话不当的话，表弟甚至更多的亲戚会觉得自己摆架子、不给亲戚面子。于是，他真诚地说："你看，我们是亲戚，按理说我应该帮你，也想要帮你。但是，你说的这个事儿，我真的爱莫能助！"

　　一听这话，表弟着急地说："你们都是一个单位的，不就是那你说句话的事情吗？怎么就帮不了了呢？"

　　程东说："你先不要着急！你也知道，我们交警都是按照法律法规办事的，你违章了，所以才会受到处罚，这是谁都不能避免的。而且你的分已经被扣除了，被录入了电脑系统，并不是人为能够修改的。我实在是无能为力啊！"

　　表弟一听，情绪低沉地说："那就真的没有办法了吗？"

程东说："我也是没有办法啊！我要是有办法能不帮你吗？"

最后，表弟也看出了程东的为难，也就不再说什么了。

很多人害怕拒绝他人，心里总是想着："如果拒绝了，会不会得罪人？""如果拒绝了，会不会朋友都没得做？"但是每个人都有自己的能力范围，也有自己的形式原则。有原则地拒绝，并且让对方知道你只是拒绝做不符合原则的事情，而不是不给他面子，那么对方就不会因此而生气。

程东的拒绝之所以没有得罪人，就是因为他让表弟明白了自己的苦衷，并且让他知道"我不是针对你，而是这件事我无能为力"。

所以，不管是亲戚还是朋友，是同事还是同学，我们都不要害怕说"不"，也不要觉得拒绝的话难以说出口。只要我们能够坚持自己的原则，并且让对方知道，我们的拒绝并不是针对他，而是真的对这件事情无能为力，那么就不会得罪对方了。

💬 找个借口，给你当"挡箭牌"

借口，意味着逃避；借口，意味着懦弱，借口，意味着失败。一说起借口，许多人的第一印象都不好。其实借口用得好了，还真的能给你充当一个很不错的"挡箭牌"！尤其是在你拒绝他人的时候，它可以成为你拒绝他人的媒介，替你巧妙地说"不"，且不会引起对方的不满。

所以，当你没有精力应付他人的过多请求，或是不情愿答应他人的要求时，不妨为自己找一个合理的借口，让它代替你说不。

小张是个很随和的人，脾气好，喜欢帮助别人。虽然算不上老好人，但是如果谁请他跑个腿、帮个忙，他都会非常痛快地答应。大家都说他身上没有年轻人身上的自私、傲气，所以都愿意和他相处。

但是小张也有自己的烦恼：因为他会活跃气氛，人缘也不错，所以同事们只要一有聚会就会带着他。我们都知道，年轻人喜欢晚上一起喝喝酒、吃吃饭，一起聊聊八卦，放松放松。可小张并不喜欢这样的场合，他比较喜欢窝在家里，或是看看书，或是看看球。

更重要的是，同事们只要一聚会就会喝酒，而且还会热情地招呼他喝酒。但是，小张却不喜欢喝酒，也非常讨厌那股很浓的酒臭味。

小张也知道同事们是喜欢自己才会邀请自己，并且喜欢和自己喝酒，所以每次聚会的时候，他都不好意思拒绝。一来二去，公司的同事都认为小张喜欢喝酒，并且酒量非常大。于是，大家一有饭局就会招呼他前去，就连领导招待客户都会带着他，让他陪着客户喝酒。

时间长了，小张的身体有些吃不消了，而且妻子也开始抱怨了，嫌他整天不着家，就知道喝酒吃饭。为了自己的身体和家庭的和睦，小张左思右想，终于想到了一招。

一天，小张还没有下班，领导就和他说："小张，今天公司来了个重要的客户，你和几个同事一起陪着吃点饭。这个客户对公司非常重要，你们可要把人家陪好！"

小张像往常一样，满口答应了领导。可饭桌上，大家都在敬酒的时候，小张却换了个杯子，当着大家的面倒满白开水。这一举动，让所有人惊讶不已，领导的脸色更是变得非常难看。领导严肃地说："小张，你是怎么回事？和客户吃饭，你怎么能喝水呢？"

小张恭敬地站起来，不好意思地说："非常不好意思，各位领导！我今天实在是不敢喝酒了！因为媳妇和妈妈都下了命令，今年必须生个猴宝宝，所以我必须现在就得戒酒，否则媳妇就要和我闹离婚了，妈妈也会把我扫地出门。各位领导，大家就请原谅我吧！我这里以水代酒，先替孩子谢谢各位叔叔伯伯了！"

一席话说完，领导和客户都笑了。那位重要的客户笑着说："原来是有造人计划啊！咱们可不能耽误了小张的人生大事啊！"这一次，小张的拒绝并没有引起领导和客户的不快，反而觉得他是一个顾及家庭、有责任感的男人。

而从那以后，小张也用这个理由拒绝了同事们的饭局和聚会。即便是偶尔有聚会，大家也不会再让他喝酒了！

灵机一动，找个借口就能帮助自己解开难题，从而巧妙地拒绝，这就是交谈的艺术。其实，只要你能够找对借口，那么拒绝就不会让人反感，还能给自己的形象加分。小张就是聪明的人，他用"准备要孩子"这个理由来拒绝喝酒，不管是谁都会给予理解和原谅的。

当别人的要求让你感到为难的时候，如果直接说"不"可能引来更大的麻烦，搞不好任性地说了一次 NO，却被人背后说成冷血动物。而找个大家都能接受的借口，巧妙地把它当成自己的"挡箭牌"，那么这个"不"就会说得恰到好处，并且让人人都能接受。

事实上，这种挡箭牌非常多，就看你是否能够找到。

💬 用词要委婉，态度要坚决

谈话本来就是一门学问，说的好了，会让对方感觉到如沐春风；可如果说的不好，就可能导致双方恶语相向，不欢而散。

同样，拒绝也是一门学问。拒绝的话说得好，不仅不会伤害彼此的感情，反而会赢得对方的喜欢；可一旦说得不好，则很可能引起对方的不快和失望，甚至是反目成仇。

所以，在拒绝人的过程中，我们要注意说话的技巧，尽量使用委婉一些的词语，避免使用强硬、直白的话语，以免伤害对方的自尊心，使得双方的关系没有挽回的余地。

但是一味地用词委婉，也会有个"BUG"：如果对方就是没听出来你的拒绝呢？如果听懂了却又装着没听懂呢？我们岂不是要忍受三番两次的纠缠？因此，在拒绝他人时，我们用词要婉转，但是态度却要坚决，明确地表达自己的拒绝。只有做到用词委婉，态度坚决，才能既不伤害别人，又达到自己的目的。

现在是个信息爆炸的社会，各大商家都会通过各种方式来推销自己，邮件、短信、微信、传单……相信很多人都接到了推销电话吧！当你正焦头烂额地工作时，推销电话就响起了，那边非常客气有礼貌地说："先生，我们现在某某产品现在有优惠活动……"

很多人对这样的广告没有兴趣，但是又不想直接地伤害对方，于是便会客气地说："不好意思，我暂时不需要。"你没有兴趣，可是人家却不想错失机会，由于你没有态度坚决地拒绝，对方还会继续向你推销："先生，我们这个产品功效非常好，现在三折优惠……"当你表示"以后再说吧"之后，对方还是不死心，可话音未落，对方又会抢在你拒绝之前滔滔不绝地说着，没完没了！

这不，小丁就遇到了这样的事情：

小丁刚刚生了一个可爱的宝宝，正沉浸在做妈妈的喜悦之中。我们都知道，作为妈妈都想要给孩子一个安全舒适的环境，并且希望孩子能够健康快乐地成长。小丁也不例外，她希望给孩子最完美的保障。

在周围朋友的建议下，她决定给孩子买一个适合婴幼儿的保险，于是便打电话咨询了几家口碑不错的保险公司。谁知这一咨询，就把自己带沟里去了——接下来，她时不时会接到推销员的电话。其中一个推销员最为"热情""周到"。

当这个推销员给他打电话的时候，小丁不好意思拒绝，便委婉地说："好的，我了解一下，有需要找你。"这样一个模糊不清的态度，导致她每天都能收到这位销售员的问候。

"姐姐，我们公司的产品非常适合小宝宝，而且还有非常好的优惠政策。只有一个月的销售期限，过了这个村没这个店了。"

"姐姐，你考虑得怎么样了？孩子的保险问题可不能忽视啊！现在给孩子一个保障，可以让他的未来更加美好……"

三天五天是这样，一个月之后还是这样。小丁也被打扰得不耐烦了，所以有一天，她收起了之前的好态度，坚决地说："我不需要买保险了，你以后不要再给我打电话了！你每天都打电话，真是太烦人啊！"

可对方一听这话，也有些生气了，说道："是你先和我们咨询的，而且你一直说考虑考虑，也没有明确地拒绝啊！"

听了对方的话，小丁也愣住了，不知道说什么好了。

没错，如果小丁一开始就态度坚定地拒绝对方，就不会有这么多后续的烦恼了。就是因为她不好意思拒绝别人，总是委婉地说"我再考虑""我好好想想"，所以对方才没有听出来她的拒绝。或许对方已经听出来了，但却觉得还有说服她的机会和可能，所以才没有轻易地放弃。

所以，拒绝的话也应该坦率直接地说，如果你真的没有意愿就应该直接拒绝。如果害怕伤害对方，用词比较委婉，那么也要记住，态度一定要坚决，且不可拖拖拉拉、模棱两可。

试想，如果小丁在对方表明自己的来意之后，就立马态度坚决地说"你好，我现在不需要保险，日后，如果我有需要会联系你的。请你不要继续打电话了，这样不仅节省我的时间，还可以避免你做无功用。谢谢！"如此委婉又坚定的说法，对方自然不会一而再再而三地"骚扰"她了。

💬 美言在先，让拒绝有个缓冲

会说漂亮话，是一个非常重要技能。不管你是在职场，还是在日常生活中，不管你是办公室白领还是跑业务的推销员，只要跟人打交道，都需要好好地锻炼这项技能。

说漂亮话并不是虚伪，更不是奉承，而是一种高情商的体现，让自己的话听着更舒服，赢得他人的好感和喜欢，从而实现自己的目的。尤其是拒绝的时候，如果我们能先说几句漂亮话，赞美对方一番，等到对方的心情愉悦之后，再说出拒绝的话，那么就会给拒绝有个缓冲，让对方更容易接受。

比如，有同事好心地邀请你一起吃吃零食，如果你直接说不吃，就算后面加一个谢谢，也会让人觉得你"不知好歹"。接下来，对方恐怕就不愿意和你交流了，甚至觉得你是一个不好相处的人。

可如果你换一种说话方式，再拒绝他之前先说一些漂亮话，那么效果就不一样！比如你可以说："这个东西挺不错，一开始我就闻到香味了。但是我最近牙不好，没有这个口服！你赶紧吃吧"。或者说："亲爱的，还是你最好了，有啥好吃的都能想到我。不过，我今天肚子有些不舒服，你就自己一个人享用美味吧！"

听了这两句话，你是不是有不一样的感觉？如果你是那个同事，是不是也不会因为这样的拒绝而心生不快？

可见，拒绝的话并不难说，关键就在于你怎么说。

在前面的章节，我们已经提及欲扬先抑的谈话技巧，就是先说说一个人的好处和优点，然后再指出他们的缺点和不足，这样才能让对方更容易接受。拒绝也可以采用欲扬先抑的谈话技巧，几句美言在先，让拒绝有个缓冲，那么对方听着漂亮话，自然就不会对后面的拒绝产生强烈的不满。

美美是一位优秀的职场女强人，年过 35 岁，事业有成，人长得也非常有气质、漂亮。但是，她却有一个始终困扰自己的问题，那就是年纪不小了，却还是单身。和很多单身女白领一样，美美并不是不婚主义，而是因为平时工作繁忙，没有时间谈恋爱。而且，由于她事业有成，年薪高，所以很难找到看得上眼的人。

身边的朋友和同事都知道美美的情况，偶尔也会给她介绍合适的人选，希望她能尽快找到男朋友，有一个好的归宿。最近公司新来了一位年长的男性领导，对美美很是器重，并且把她当成自己的闺女一样。领导夫人也是一位慈祥的老人，非常关心美美，时常请美美一起到家里吃饭。

有一天，领导夫人打电话邀请美美到家里吃饭，美美以为老人家又想自己了，便爽快地答应了。谁知到了家里一看，发现客厅中除了领导和夫人，还坐着一个和自己年龄差不多的男士。这位男士西服皮鞋、衣冠楚楚，一看就是事业有成的人。这下美美心里就明白了，原来老人家是想做红娘，想要给自己介绍对象！本来，美美并不排斥这样的事情，可这位男士却让美美感觉不舒服。因为她一来，男士就上下打量着她，好像审视着一件商品一样。而且在吃饭的时候，他总是给人一种居高临下的感觉，处处显示自己的事业有成，甚至话里话外希望美美能在婚后放弃自己的事业。所以，美美在心里当时就把他PASS掉了。

结果第二天，领导夫人就打电话给美美，说："美美，你觉得昨天的人怎么样？要不要处一处？对方对你可比较满意，而且条件也非常不错，你可不要错失了大好机会！"

美美一听头都大了，想要直接拒绝，可却害怕伤害了老人的感情，让老人家伤心。于是，她没有在电话中说明拒绝，而是在傍晚来到了领导家，亲自和老人解释。

美美专门买了领导夫人爱吃的茶点，笑着说："阿姨，我今天来是谢您的，这么忙还得帮我介绍男朋友。我平时比较忙，都没有时间谈恋爱，亏得您心肠好关心我。"

听了美美的话，领导夫人说："那你觉得那人怎么样？"

美美笑着说："阿姨，您的眼光真是厉害！我昨天一看，就知道这人不错，事业有成，而且长得非常不错。但是你也知道，我这个人事业心比较强，喜欢工作，而他喜欢顾家的女人，希望今后的夫人能多照顾家庭。再说了，领导刚刚来，这么信任我，我得好好表现，不能辜负了领导的栽培！"

美美顿了顿，然后又说："不过，阿姨也可以帮我多参谋参谋，如果有合适的人，我一定会感谢阿姨的！"

领导夫人自然是个聪明人，听美美这么说，就知道她不喜欢那个男士，于是便作罢了！虽然美美拒绝了她的好意，可是她却没有任何不满，反而更加心疼和关心美美了。

美美的聪明之处就在于她一开始就使劲地夸领导夫人，

说她热心、有眼光、关心自己等，并且说那位男士"事业有成""长相不错"，把领导夫人说的心花怒放。然后她再话锋一转，说自己想以事业为重，说自己和对方想法有分歧，言外之意就是觉得对方不合适。

其次，美美也没有堵死后路，而是说"有了合适的再说"。这种未来式的缓冲，就给对方一个感觉：自己并没有被拒绝，还是有些希望的。这种拒绝的巧妙之处就在于既不违反自己的意愿，又不伤双方的感情，让他人感觉很舒服。

可以说，直接而不留余地的拒绝，就像是刺向对方胸口的一把短刀，虽不致命，却伤人。被你拒绝的那个人，转眼就会跟你绝交，还会让你声名狼藉。可是，如果能够用美言做铺垫，把话说得漂亮有一些，那么后面的事儿就好办了。对方不仅会心甘情愿地接受你的拒绝，还不会产生任何的反感。

美言在先，给拒绝做个缓冲，这就如同穿上了一个铠甲，将护你顺畅周旋人际！

用幽默"佐料"，冲淡拒绝的"苦涩"

只要是和别人打交道，就免不了拒绝一些事情，有些事情是我们想做却做不到的，有些事情在则是我们能够做到却不情愿去做的。不管是哪一种情况，我们都不可能满足所有人的愿望，做他们希望的事情。可很多人遭到拒绝之后，内心都会产生不愉快的心情，甚至还会对拒绝自己的人产生抱怨、怨恨心理。

正因为如此，我们在拒绝别人的时候才应该多注意说话的技巧，想办法避免让对方产生不舒服的感觉。事实上，幽默的语言就具有这样神奇的效果，它可以让我们的话变得更不那么直白，让拒绝的话题变得轻松很多，从而冲淡拒绝的"苦涩"。

钱钟书先生学贯中西、博学多才，他的长篇小说《围城》和学术巨著《管锥篇》享誉海内外，受到了很多读者的喜欢和追捧。可钱钟书先生却淡泊名利，不喜欢和人交游，即便是有人想要慕名拜访，他通常也是婉言谢绝了。

但是，钱钟书先生知道，如果自己把拒绝的话说得太直白、太强硬的话，难免会让别人感到不舒服，感觉面子受到了损伤。恰逢钱钟书先生是一位幽默风趣的人，所以每一次他都会用幽默而机敏的方式来拒绝他人。

一次，一位美国的女士读了钱钟书先生的《围城》之后，深深受作品所吸引，并且想要见先生一面。于是，这位女士通过各种渠道拿到了先生的电话，在电话中她殷切地表示了想要和先生见一面的愿望。

听了这位女士的话，钱钟书先生笑着说："女士，我很高兴您能喜欢我的作品。可是，如果您吃了一个鸡蛋，觉得味道非常好，难道您就非要见那个下了蛋的母鸡吗？"

虽然这位女士遭到了钱钟书先生的拒绝，但是她却没有感到不快，反而被先生的幽默和智慧所打动。是啊！钱先生将幽默和智慧发挥到了极致，他用一个生动而形象的比喻，委婉又诙谐地谢绝了这位女士提出的诉求，不仅表达了自己的拒绝，又没有直接伤害到这位女士，可以说是把拒绝说得恰到好处。

由此可见，同样是拒绝，利用诙谐的语言来拒绝显然是一种不错的方式。它给对方带来的感受是不一样的，就是因为它多了一些委婉，少了一些直接，所以不至于让对方感到太过痛苦或反感；也是因为它多了一些幽默，少了一些严肃生硬，所以不至于让对方下不来台，还可能会会心一笑，感到了幽默语言的轻松和乐趣。

当然，制造幽默的方式有很多，钱钟书运用了形象的比喻，把自己比喻成"母鸡"，把自己的作品比喻成"鸡蛋"，这就起到了很好的效果。而事实上，用假设的方法虚拟出一个可能的结果，从而产生一个幽默后果也是不错的方法。这样的拒绝，不仅可以避免引起他人不快，反而还可以使对方有所启发。

著名的剧作家萧伯纳就是一位幽默、有智慧的人，他总是能够运用幽默的语言来拒绝别人，并且还不让彼此陷入尴尬的境地。

一位英国非常美貌风流的女演员非常崇拜萧伯纳的才华，她觉得自己出生高贵，年轻貌美，而萧伯纳虽然有才华，却有些年老丑陋，所以自己足以配得上萧伯纳。

在一次宴会上，这位女演员和萧伯纳相遇了，她非常自信地说："萧伯纳先生，我非常崇拜您。如果我们能够在一起，你的才华加上我的美貌，我相信我们的孩子一定是最有优秀的、最有才华的！"

听了这位女士的话，萧伯纳笑着说："您说的没错，女士！不过，我有些担心，如果这个的孩子继承了我的相貌和你的才华，那又该怎么办呢？"

这位女士先是愣了一下，然后就明白了萧伯纳的言外之意。虽然她知道自己遭到了拒绝，可是却没有因此怀恨在心，反而觉得他非常幽默、绅士，没有让自己当众出丑。从此，这位女演员还成了萧伯纳的忠实读者。

还有一次，萧伯纳收到了一个小女孩的来信，信中说：萧伯纳先生，我非常崇拜您。为了表达我对您的喜欢和崇敬，我想要用您的名字来命名我最心爱的小狗，希望您能够同意。

看到这个令人哭笑不得的请求，萧伯纳不知道怎么拒绝了。因为他知道如果自己直接拒绝了，会伤害到小女孩的心。可这个请求却真的令人无法答应。最后，萧伯纳给小女孩回了这样的信：亲爱的孩子，我赞同你的意见。但是你最好还要和你的小狗商量一下，因为我不知道它究竟是否同意。

钱钟书和萧伯纳都是聪明的谈话高手，因为他们善于运用幽默的语言来拒绝别人，不仅可以明确地表达自己的想法，还可以避免因为拒绝使别人产生不舒服的感觉。这样一来，拒绝的话就不是那么苦涩和生硬了，就能够让人愉快地接受了，如此也就能牢牢掌控自己的生活和命运。

CHAPTER 12

高情商说服，
利用"心理调适"掌控全局

兵法有云："攻心为上，攻城为下；心战为上，兵战为下。"一个真正的说服高手，并非舌灿莲花，而是高情商的攻心强者。他们擅长利用"心理调适"，把每一句话都浓缩成一颗原子弹，爆发出惊天动地的威力，打开对方心理防线的缺口，进而掌控全局。

跳出对方的逻辑圈，从"山外着眼"

日常生活中，每个人都有自己的思维逻辑，并且都在用自己的逻辑来处理各种问题：安排自己的吃穿住行，处理自己的人际关系，安排自己的学习和工作……说白了就是，每个人都有自己的行事风格和独特的想法，并且利用自己的逻辑与社会接轨。

谈话也是一样，每个人都有自己的逻辑，并且试图把别人代入自己的逻辑圈，也就是让对方认同我们自己逻辑，从而实现说服对方的目的。一旦我们无法跳出对方的逻辑圈，处于被动的地位，那么就只能按照对方的节奏走了，就轻而易举地被别人说服了。也就是我们常说的，被别人"带沟里去了"。

同时，假设在一个人的逻辑圈中，他认为这件事是错误的，那么我们就很难说服他改变主意。因为，他有着自己的判断依据。在很多时候，如果顺着他人的逻辑往下走的话，我们的说服就根本就起不到什么作用，还有可能引发对方的强烈反感和抵制。因为是在他的圈子，他的想法就是"真理"！

那么怎么办呢？唯一的办法是，在说服别人的过程中，我们要学会运用一种心理战，跳出对方的逻辑圈，站在对方的逻辑圈外，从圈外攻人，尽量让对方跟着自己的思维走。这样一来，我们才能掌控谈话的局势，从而达到说服的目的。

这样说，可能有些难以理解，我们不妨来看一个故事：

　　有个大学生，平时很受人注意，不管走到哪里都引起别人的议论。这并不是因为他的成绩好，也不是因为他个子高、长得帅，而是因为他的脸上有一块胎记。

　　虽然这个胎记并没有什么，但是却盖住了整个眼角，看起来非常醒目。就因为这个胎记，大家都用奇怪的眼光看他，而且很少有人愿意和他做朋友。那时候，所有的同学都觉得他很难有所成就，就连婚姻也会受到影响。可是，这个同学并不在乎，依旧生活得很精彩。

　　毕业周年聚会上，所有人都欢聚一团，气氛十分热闹。有的同学还带来了自己的女朋友、男朋友，而那位同学也来了。而令人吃惊的是，他竟然也带来了自己的女朋友，而且是一位白白净净、气质高雅的女神级人物。所有人都感到非常疑惑：这小子是怎么追到这么好看的女朋友的？

　　接下来，有人趁着酒劲，问出了这个所有人都想问的问题："你这小子，快给我们讲讲，你是怎么追到这样美丽的女神的？"

　　那位同学并不介意同学们这么说他，而是真诚地说起了自己的故事：

　　他和女生是高中同学，女生一直是学校的校花，长得非常漂亮，思想单纯，成绩也非常优秀。很多人都喜欢她，但是她却有些清高，对所有人都视而不见，所以多少人只能望而却步了。

　　这位同学对女生一见钟情，于是便开始有意无意地接近她。按照一般人的想法，肯定会质疑地说："人家条件这么好，连那么多优秀的人都看不上，又怎么会看上你这个脸上有胎记的人呢？"可这位同学并不这么想，而是大胆地向女生表白了，他自信地说："我喜欢你，咱们在一起吧。"

女生想也没有想，干脆利索地拒绝了他："我觉得咱俩不合适！"

可他并没有气馁，而是真诚地说："我知道你在意我脸上的胎记，认为这是一大缺陷。但是如果这块胎记长在你脸上，我不仅不会在意，还会觉得它让你更加美丽。"

见女生露出了惊讶的表情，他并没有停下来，而是继续说："上天给了我这样一块胎记，却也让我有幸能够遇见你，对我来说，这就是我们爱情的印记。你不觉得这很美好吗？而且我脸上胎记也可以通过激光技术来祛除，并不会影响什么。"

没有想到，女生听了这一段话并没有当场拒绝他，而是说要好好想想。结果，第二天，她就成了他的女朋友，俩人一起度过了高中快乐的时光，并且整个大学期间都感情良好。而这胎记也真的成为他们之间的一个美好的印记。

所有人都觉得那个同学的胎记很丑，当时女生也拥有一样的逻辑，但是那个同学只用了几句话就说服了对方，这就是逻辑的力量。女孩的逻辑就是"你有胎记，相貌有些丑，所以咱俩不合适"，但那个同学的逻辑却是"我有胎记我骄傲，这是美丽的爱情见证""我不自卑，我有自己的想法""这是我的幸运，让我遇到了你"，他巧妙地用自己的思维来引导女孩，所以赢得女生的青睐和喜欢。

试想，如果那个同学也掉进女孩和其他人的逻辑圈，那么他就不会获得美好的爱情，并且迎接他的不仅是自卑，可能还有颓废，甚至整个人生都是失败的。

小时候，我们都学过"不识庐山真面目，只缘身在此山中"中的诗句。为什么会这样呢？如果"庐山"是一个人的逻辑圈，那么我们身在这个逻辑圈中，自然无法看出事情的真正面貌。而跳出对方的逻辑圈，就好比"山外着眼"，从另外一个全新的角度进行说服，可以快速找到突破口。

只要能跳到对方的逻辑圈，你就能说服任何人，而不是被别人说服。

💬 "催眠"——谈话的最高境界

催眠是让人睡觉吗？其实并不是如此。催眠是指一个人的意识状态不知不觉地发生了改变，而不是真的睡着了。如果真的睡着了，那一个人就不能对外面的意识引导产生任何反应了，就没有任何意义了。

在日常生活中，大部分人都有被人催眠的经历。比如，你和朋友一起去逛街，试穿了一条根本不适合你的裙子，但是所有的人都说好看、合适，那么你就会被催眠，从而买下这条并不适合你的裙子！

当然，这是一种比较浅显、直接的催眠，真正的高级催眠通常体现在说服之中。一个说服高手可以不知不觉地给别人催眠，让他跟着自己的节奏走，和自己感同身受，从而实现自己想要实现的目的。可以说，这是人与人谈话的最高境界，也是高情商说服的最佳方式。

我们不妨举一个浅显典型的例子：

许多人都害怕上台演讲，一上台就会异常紧张，脸红、心跳、结巴，甚至还会出现晕场的情况。可如果一个人在事前对自己进行自我暗示，比如对自己说"我是最棒的""我可以做到！"或是"不用管这么听众，他们不存在""在我面前的只是熟悉的人，我不用害怕"……那么，这样的暗示就会起到自我催眠的作用，缓解我们的压力和紧张情绪。

当然，这样的方式对于其他人也同样有效。所以，想要说服别人，我们就应该学会对他人进行催眠，让他们不知不觉地被我们的话所影响。

刘芸的儿子进入青春期了，这个年纪孩子最大的特点就是叛逆！所以，这个孩子整天不好好学习，还喜欢到处挑衅同学、打架、损坏公物，从一个很优秀的学生变成了老师眼里最让人头痛的问题学生。刘芸因为工作非常忙碌，虽然知道儿子最近顽劣不堪，但是一直没有机会和老师面对面讨论一下，只是加强了对儿子的严加管教。可这管教的效果显然不是很好，儿子还是时常闯祸。

一天，刘芸正在和客户谈合作的事情，这时手机响了，一看正是学校老师的号码。她立即找个地方接电话，可还没有说话，对方就怒气冲冲地说："你赶紧过来一趟吧！你孩子实在太过分了，我们班里是留不了他了。"

一听这话，刘芸就知道这次儿子惹的祸不小，于是便立即赶到了学校。可该怎么去和老师谈呢？老师正在气头上，直接求情肯定是行不通的。她知道这个老师在本市非常出名，是很有资历的老教师，并且举办了多次关于孩子教育的演讲。于是，她决定从这个方面着手。

一走进老师的办公室，刘芸就立即抱歉地说："陈老师您好，孩子又给您惹麻烦了，真是太抱歉了！这个孩子实在让人太头疼了，我一直想要跟您多交流一下，可是一直没有时间！"

听了刘芸这话，老师说道："你家孩子实在是太难管了，你可要上心些啊！"

刘芸立即说："是啊，我也想要好好管他，可是苦于找不到合适的方法！听说您举办了多次中学生心理教育讲座，我一直想要去听，可就是听众太多了，没有挤进去！"

说到自己的讲座，陈老师感慨地说："是啊！家家都有教育问题，谁都想要教育好孩子，可是很少人找到合适的方法，我也只是发表一下多年的经验和看法，希望能给大家一个建议！"

刘芸立即接话说："可不是，现在的孩子可不比从前了，实在是太叛逆了。我们之前多单纯、听话，从来不敢这么和老师作对。我记得我以前的中学班主任叫赵燕，大家可听老师话了，老师也对我们特别好！"

陈老师一听赵燕这个名字，就笑着说："你是赵燕的学生吗？真是太巧了，她是我妻子。不过现在已经退休了，因为身体不好在家养病呢。"

陈老师没有想到，自己学生的母亲竟然是自己妻子的学生，这实在太有缘了。更令他高兴的是，刘芸已经毕业这么多年，竟然还记得自己的妻子、夸奖自己的妻子，这让他感觉非常骄傲。于是，他就和刘芸一起回忆当年的学校生活，以及当初学生的乖巧单纯。

后来，两人聊到老师职业的伟大，桃李满天下的时候，陈老师很高兴地拿出了自己的手机，指着一个个微信头像说："这些都是我的学生，现在有的是省厅干部，还有是企业高管的，还有在国外定居的，当然还有普通的职员……不管他们在做什么，却始终没有忘了我，每逢节假日都会问候我，我感到非常骄傲和自豪！"

刘芸笑着问："那这些学生都非常听话吧！肯定大部分都是学霸！"

陈老师笑着摆摆手："有的学生虽然很聪明，但是也不爱学习，有的学生也比较调皮，但是现在却很有前途。哪有孩子那么听话啊？"

见陈老师这么说，刘芸说："我特别佩服老师您，不管什么样的孩子，您都能找到最好的办法来引导。相信，您也能找到教导我孩子这样的方法！"

陈老师笑着说："你的孩子真的让人很头疼啊！今天，这孩子把好几个老师都惹生气了，纷纷找我来告状。不过，他现在毕竟是叛逆期，只要我们合理地引导，就会把他领上正路的。"

随后，陈老师再也没提把孩子领回家的事，而是和刘芸一起研究怎么教育孩子的事情，还给刘芸提供了很多家庭教育的方法。

刘芸真的很聪明，她没有像其他家长一样，只是一味地和老师求情，因为她知道，这样只能让老师更加反感。她先是指出了孩子的问题和自己的苦恼，并且虚心地向老师请教教育孩子的问题。这样一来，陈老师就放下心理戒备，不好向刘芸发火了。

接着，她又提起自己的求学经历，暗示对方自己尊重老师，怀念学校，尤其是当面夸赞陈老师的老伴，慢慢地"催眠"了陈老师。

最后，她适时地夸奖陈老师的学生有出息，让陈老师自己说出"并不是所有孩子都听话""并不是所有事业有成的学生否是学霸""没有教育不好的学生"这样的话语，这样一来，陈老师自然就恢复了理智，回到了教师的本身，想办法引导孩子改正自身的错误了。

其实，催眠式的谈话并不难，关键就在于你是否能够掌握对方的心理。首先，我们要让对方放下心理戒备，消除排斥情绪，这样一来，我们就能了解对方的内心需求了。

接下来，我们要说出对方想听的话，谈对方引以为傲的话题，慢慢地让对方认同你的看法。当我们引起对方的好感时，那么说服就变成了一件轻而易举的事。

可以说，真正高级的说服是潜移默化的，让对方慢慢地跟着你的思维和节奏，并且认同你的想法。当对方心甘情愿地接受你的想法时，那么你就达到了催眠的效果。

适时的沉默，也是有力的反驳

所有人都听说过一句古老的至理名言：沉默是金。没错，在很多时候，沉默都比话语更加有力量，都能起到令人震惊的效果。

比如，当你被别人误解的时候，即便滔滔不绝地解释也起不到作用的时候，如果你沉默不语，反而会让人觉得可能另有内情。再比如，当你遭到别人的诋毁时，不管说什么都会被别人讽刺和嘲笑时，沉默或许就是明知的举动。因为这样的沉默代表你的态度，代表着你的反驳和抗议。

在影片中，我们常看到监狱中有一个叫禁闭室的房子，用来惩罚不听话的犯人。这种房间不仅非常狭窄，而且既见不到阳光又没有人和你说话，你就这么静静地待着，一待两个星期或者更长。实际上，正常的人即便是在里面关上一天都感觉度日如年，时间一长有时可以让人为之疯狂。

适时的沉默，并不是软弱，也并不是妥协，而是一种高情商的为人处世方式。适当时候的沉默，不管是善意的承受，还是敌意的反抗，都会带来不一样的效果。它可以让对方摸不清你真实的意图，对你产生莫名的敬畏，从而收敛自己的行为。那些气场强大富有感染力的人，往往有声的语言不多，但他们善于利用肢体、表情等无声的言语来触动他人，其意义也要深刻得多。

大家还记得美国的911事件吗？十几年前，美国遭遇了恐怖袭击，一时间人人自危、舆论纷纷。那一刻，国家领导人、政府部门官员，以及安全部门都成了众矢之的。据说当时的纽约政客相当不好过，简直成了过街老鼠，所有人都希望他们能够给国民一个交代，希望他们能够站出来承担责任。

　　然而就在这个举国悲痛的时刻，当时纽约市的市长却做了一件令人震惊的事情：他竟然去参加了一场婚礼，并且心情还算不错。国家安全遭到威胁，商贸中心被炸毁，人员死伤无数。这时候，纽约市长不仅不能恪尽职守，竟然还高兴地参加婚礼，这怎么能让国民接受呢？于是，所有人都批评他的行为，报纸、电视、广播等媒体也纷纷指责他。一时间这位市长成为众矢之的，几乎面临着下台的危机。

　　如果是你，你会怎么做呢？相信很多人会为自己辩解，最起码会说出原因！可是再看看这位市长是如何做的：他并没有做任何的辩解，而是安静地去参加了婚礼，并且给新人带去了最诚挚的祝福。之后，他也一直保持着沉默，直到婚礼结束之后才向媒体说出事情的真相：

　　原来，新娘的父亲与弟弟都是消防员，并且都参与了911事件的救援，不幸的是，两人在救援过程中都不幸牺牲了。在生命的最后一刻，这位父亲对市长说希望自己女儿能够如期出嫁，并且希望市长能够做他们的主婚人。

　　这位市长毫不犹豫地答应了这位父亲的请求，因为这位父亲和他的儿子是这个国家的英雄，而这位新娘则是最需要人安慰的烈属。

　　所有人知道了事情的原委之后，才明白了这位市长的可贵，才懂得这沉默背后的故事。此时此刻，没有人再攻击和指责他，而是对他充满了敬佩和尊重。

　　我们不得不敬佩这位市长的心胸和为人。其实，现在的信息网络这么发达，他完全可以在某个社交平台上去为自己澄清和辩解，以便来争取民心。但是他却知道，在那种的情况下，即便自己积极地发言，说自己是被冤枉的，是为了实现英雄的遗愿。恐怕也会被人们误解为狡辩！而且他越是滔滔不绝地辩解，或许就越会引起人们的反感和愤怒，甚至还会使人做出不理智的行为。

所以，他聪明地选择了沉默，既不表态也不辩解。他相信，等到别人的情绪都稳定下来之后，自己的话反而会更容易被人接受。

事实上，不要以为说服就需要不停地说，谁说得最多，谁就能占据优势，就能说服对方。也不要以为喊得响才是胜利者，谁喊得响，就能够压过对方的气势。

很多时候，高情商的说服并不需要说得多、喊得响，而是需要适时的沉默。就像有人说的一样："雄辩具有说服力，沉默更具有说服力。"在适当的时候，只要拿捏到位，沉默要比滔滔不绝的说服更具有效果，要比声音响亮的话语更具有力量。

拿捏分寸，反驳也要掌握尺度

与人谈话，是一门讲究分寸感的艺术，话说得好不好，够不够力度，分不分的清界限，往往都能影响到谈话的效果。在说服过程中，也是一样的道理。

如果所说的话比较轻，那么必然无法说服他人，还会被对方说得哑口无言；相反，如果说的话重了，恐怕也达不到说服的效果。因为这会引起对方的反感和逆反心理，等待我们的肯定是一场恶战，你一言我一语，互不相容，谁也说服不了谁。这时候，我们最好拿捏好说话的分寸，即便是反驳别人的话也说得不轻不重，既能表达自己的想法，又不至于引起对方的不满和反感。

大家都知道，现在很多明星很喜欢耍大牌，在拍戏或者参加节目的时候提出一些无理的要求。虽然这些要求让人感到非常为难，可为了大局着想，很多人都是敢怒不敢言的。

曾经有一个女演员，小有名气，了几部收视不错的电视剧，人气非常火爆。这让女演员开始膨胀了，并且逐渐耍起了大牌。

一次，她担任一部电视剧的主角，可拍戏之前，她却很傲慢地对导演说："那个第一场戏，剧本上说我需要带个珍珠项链，我可要真的项链，别给找那些塑料假货来充数。现在我可是明星了，怎么能戴假货呢，这实在太掉价了！"

听到这里，导演感到非常不舒服，因为这些首饰非常贵重，很多剧组都是用塑料用品。但是他又不敢直接反驳这位女演员，担心她耍大牌、撂挑子，这样一来，剧组的损失就大了。

于是导演开玩笑地说："咱们做戏得做一套，你要求那珍珠项链是真的，那最后一场戏的毒酒，你是不是也要求是真的？"

一听导演这话，这位女演员被逗笑了，而且她也知道自己的要求有些过分了，于是便说道："你想毒死我呀！算了，我也知道你们不容易，假的就假的吧，下次可不能再这样！"

就这样，这位导演聪明地解决了问题，既没有得罪这位女明星，又表达了自己的立场。

试想，如果这位导演没有把握好反驳的尺度，直接火气大地说："要什么真珍珠，你不就是刚有些名气嘛，就这么耍大牌！那你最后一场戏是不是要喝真的毒酒啊！"这样势必惹怒女明星，恐怕事情的结果就不一样了！

那些会谈话的高手，在说服别人时都会把握好尺度和分寸，能够把反驳说得恰到好处，既能表达自己的想法，实现自己的目的，又不会得罪了人，引起别人的反感。最终，他们能够轻松说服面试官，说服老板，说服员工，说服客户等，说服一切自己想要说服的人，达成自己的一切愿望。

事实上，生活中有很多这样会谈话的高手：

一天，一群人正在一家饭店吃饭，大家吃得正开心，却在一盘菜里发现了一根头发！这让所有人都非常恼火，气愤地把老板叫了出来。

其中一人生气地质问："你这开的什么饭店，菜里面竟然有头发，你还让不让人好好吃饭了！"

老板立即把客人们赔礼道歉，并且把厨师叫了出来。厨师一看这阵势，立即赔着笑脸说："不好意思，这都是我的错。我切菜的时候，戴好了厨师帽，就怕出现卫生问题。没想到，今天却出现了这样的问题，实在是太抱歉了！"

客人的怒气并没有消，继续生气地说："那你说怎么办？"

厨师继续说："我一定把这个问题搞清楚，看是怎么把头发弄进去的。我出锅的时候，还叮嘱那个短发的服务员，小心上菜，怎么就出现了这么长的一个头发呢？这问题出在哪里呢？"

厨师一席话说完，客人就明白了问题之所在了。厨师是短头发，而且戴着雪白的厨师帽，上菜的服务员也是短头发，而且也戴着小礼帽。再看看这菜盘里的头发，又长又弯，很明显不是人家饭店的工作人员的，倒像是他们一群人中那个姑娘的。

这时，老板趁机说："不管怎么样，今天是我们的失误，影响了大家吃饭的心情。这样吧，我们请厨师再给大家做一个咱们的特色小菜，给大家赔个罪！你们看，怎么样？"

这群客人已经知道自己冤枉人家了，这时老板给大家台阶下，便都笑了笑，没有再说话。

不得不说，这老板和厨师都是会谈话的高手，面对客人的指责和质问，他们并没有直接反驳，说"这不是我们的问题，是你们自己人掉的头发"。即便他们说的是事实，恐怕也会引起客人的不满，甚至因此而争吵起来。他们先承认了自己错误，然后再借着追究问题的机会来拿出证据，反驳客人的说法。更为重要的是，等到事实清晰之后，他们并没有继续追击，而是给了对方台阶。这样一来，不仅让对方认识到自己的错误，还顺利地解决了问题，真是一举两得。

面对别人无礼的质问，或是不合理的请求，如果无法掌握反驳的分寸和尺度，就会让沟通变成辩论赛，甚至是争吵。而换一个角度，说话的时候掌握好分寸，恰到好处地反驳，那么既能让对方下得了台，还能把自己的话说个清楚明白。哪一种方式更胜一筹，相信大家都心知肚明。

拿捏好说话的分寸，掌握好反驳的尺度，你也就可以成为真正的说服高手了。

说一点题外话，活跃活跃气氛

在说服他人的过程中，由于观点和立场的不同，气氛很可能陷入了紧张、严肃的状态之中。尤其是谈判中，彼此双方很容易产生剑拔弩张的对立情绪，使得气氛变得更加紧张。而这种紧张严肃的气氛容易使他人产生防御和抵触心理，由此引发无端争吵，甚至在无休无止的扯皮中虚耗时间。

可事实上，这种情况是完全可以避免的。在说服他人之前，无论是竞争性的谈判，还是合作性的谈判，想要取得成功，我们就要善于营造一种轻松、愉快的气氛，最好是让对方感受到我们的友善和友好。让对方明白，我们的目的并不是为了和他人争论，也并不是故意和他们过不去。

如果气氛已经变得紧张严肃起来，这时候我们就应该警惕了，有必要改变自己的说话方式了。我们大可以停止说服，说一些令人轻松的题外话，比如对方感兴趣的事情、最近的热门事件，即便是最近的天气也好……这样的题外话虽然看似与说服无关，可却起到了活跃现场气氛的作用，很多时候对于说服效果具有极大影响。

时代华纳的创始人史蒂夫·罗斯是一个很有传奇色彩的企业家，同时他也是一个非常善于说服他人的说话高手。

在公司创立之前，罗斯曾经从事过殡仪馆业务，虽然这份工作的收入非常可观，可却不是那么体面。于是他之后便放弃了这份工作，开始经营一家小型汽车租赁公司，工作的内容便是为那些没有车的人提供租车服务。

可停车场却是一个大的问题，因为当时纽约所有停车场都是收费的，且属于不同的商人。当时，在整个纽约拥有最多停车场的便是一名叫作凯撒·基梅尔的商人，他拥有大约 60 个停车场，分布在纽约的各个方位。如果能够拿下这个客户，那么就可以解决公司在整个纽约的停车难题。

于是，罗斯想办法联系到了凯撒本人，非常客气地说："凯撒先生，我是 XX 汽车租赁公司的负责人，希望能够和您谈谈合作的事情。"

凯撒显然对于一个小租车公司不感兴趣，随口问道："是吗？你想要和我合作什么？怎么合作？"

罗斯立即说出了自己的想法，他说："我们现在有很多租车的客户，我希望可以免费使用您的停车场。而作为回报，我们所获得的租车费可以给您一定的分成。"

罗斯说完之后，凯撒看了看他，随意地问道："你以为我会在意这么点分成？"然后，就低头看起文件来。

罗斯顿时觉得气氛变得尴尬、紧张起来，如果自己不能让气氛变得活跃一些，并且激起凯撒的谈话兴趣，那么今天就算是白跑了。

这时，罗斯并没有气馁，而是参观起凯撒的办公室来。他的眼光迅速地停留在一张外加框的照片上，并且走了过去。照片中是一匹奔跑的赛马，一匹红棕色的赛马一马领先。罗斯站在那里看了一会，然后故作惊讶地说："哎呀，这跑在最前面的马是莫蒂·罗森塔尔的，他是我的一位亲戚！"

听了罗斯说这句话，凯撒立即抬起了头，惊讶地问道："你所说的这位亲戚也喜欢赛马吗？那匹马真的是他的吗？"

罗斯说："是的！他养了几匹不错的马，还在几次比赛中赢得了不错的成绩！您怎么会有这张相片，难道您也喜欢赛马？"

凯撒兴奋地说："我也特别喜欢赛马，也拥有自己的马。你看见相片中那匹紧跟其后的马了吗？它就是我的！"

接下来，两人谈了半个多小时关于赛马的事情，而且谈话气氛变得越来越轻松、愉快，而之前凯撒身上的戒备、轻慢也消失不见了。

最后，罗斯成功地说服了凯撒，与他达成了合作协议。

虽然赛马和罗斯的说服目的是毫不相干的，可是恰恰是这几句题外话让两人谈话越来越投机，一下子把两人的距离拉近了，这就是活跃气氛的魅力所在。

而罗斯也并不是误打误撞，无意间发现了凯撒的赛马兴趣。事实上，早在来拜访之前，他就已经做好了充分的准备，知道了凯撒是个铁杆赛马迷，并且参加了哪些赛马比赛。所以，他才请教了那个养马的亲戚，知晓了更多关于赛马的事情。

在说服过程中，不直接点明主题，而是采取迂回的方式，先说一些无关紧要的题外话，然后再慢慢步入正题。可以说，题外话就好比是良好的"润滑油"，不仅可以活跃现场的气氛，还可以有效地消除对方的戒备心理。尤其是说服遇到了困难、谈判陷入了僵局的时候，它的作用就更加神奇了。

当然了，题外话也不可多说，如果把握不好尺度的话，就会使得谈话偏离了主题。一旦你没有及时把话题拉回来，那么说服也很难得到很好的效果，

借力打力，用对方的道理说服对方

很多人都知道太极，而这门功夫的最大特点就是借力打力，即借助对方攻击自己的力量来还击缓急对方。这样不仅可以化解对方的攻击，还可以节省自己的力量。

或许我们可以换一种更贴切的说法，那就是"以其人之道，还治其人之身"。这句话不仅适用于身上的功夫，还可以用于人与人之间的谈话，尤其是说服。

在说服的过程中，我们可以运用各种技巧来说服他人，可就是无法把自己的观点强行灌输给对方。那么如果对方固执己见，不肯接受我们的意见时，我们就没有任何办法了吗？当然不是！我们可以用对方的说话逻辑来进行还击，这不仅可以避免让气氛变得尴尬，还可以有效地说服对方。

更重要的是，这种借力打力的方式要比滔滔不绝的说服更有效！

一家公司经过了十几年的发展，逐渐成为全国乃至整个东亚最具有实力的综合性加工企业。最近，这家公司的发展势头更是非常迅猛，其产品已经热销于海内外，成为业内的佼佼者。可这个时候，公司却连续传来了不好的消息：一个月内，多名员工因为无法承担巨大的压力而选择自杀。

　　这一连续性的自杀事件很快就引起了公众和社会的关注，众多媒体也纷纷介入，想要弄明白一系列的问题：为什么一个个鲜活而年轻的生命，选择用这种方式来结束自己的生命？究竟是什么样的压力让他们不可重负？作为企业的管理者，是否应该对这一系列事情负责？

　　随着媒体的深入调查，人们听到了这样的声音，"公司制度非常严格，管理人员只下命令，除此之外不会和员工有任何交流""员工不能犯一点点错误，否则就要受到严重的惩罚"、"公司管理毫无人情可言，所有人都必须严格按照规章制度办事""员工即便是生病了，也不能请病假，更不会得到管理者的关心"……而这些声音的发声者就是该公司的普通员工。

　　一时间，该公司处于舆论的漩涡之中，所有人都谴责他们"没人性""太苛刻"，使得公司形象一落千丈。为了挽回公司的声誉和形象，该公司高层召开了新闻发布会。可在发布会上，一位高层面对记者们的质问，竟然没有丝毫的歉意。这位高层振振有词地说："竟然有些说我们公司'没有人性'，说我们是黑心公司。说这些话的人有证据吗？我们绝对有权利起诉他们！"

　　接着他继续说："我可以明确地告诉所有人，我们公司从来没有违反过国家的法律法规，并且严格遵守了国家的劳动人员保障法。我们从来没有拖欠过员工薪水；我们从来没有强迫员工加班，即便是节假日加班，也按照法律的规定，给予员工们双倍、甚至多倍的薪水。我们更没有限制员工的自由，如果有谁不想留下来，随时都可以辞职离开！"

虽然这位高层的话从表面说没有一点错误，没有人为关怀确实没有触犯到法律。但是这样的企业管理和现场表态怎么能让人接受呢？这么多鲜活的生命逝去了，难道说企业管理层就没有任何过错吗？难道就不应该追责吗？一时间，现场的记者都气愤不已，其中一位记者就站了出来，义正词严地说："你说得没错，你们确实遵守了国家的法律法规。但是我想问问您，难道企业管理者就没有任何错吗？"

这位记者紧紧地盯着这位高层，继续说："我们打个比喻，如果一个女人嫁给一个男人，男人履行了做丈夫的责任：给她吃、给她提供住的地方，给她丰厚的生活，并且还给她足够的自由。但是在这几十年内，男人却从来不和她说一句话，即便是她生病了也没有一句关心。按照你们的逻辑，这个男人没有违反婚姻法，但是你能说他是一个好丈夫吗？他没有任何的错误吗？如果是你，你愿意生活在这样的家庭吗？如果这位女士选择了自杀，那么你也觉得这个丈夫没有一点责任吗？"

这位记者的提问赢得了现场所有人热烈的掌声，也使得那位高层哑口无言。最后，这家企业的高层不得不承认自己的失误，并且承诺给予受害者家属和公众一个满意的答复。

我们可以看出来，这家公司高层所说的话表现上是有道理的，可实际上却是狡辩，想要用这种方式来逃避所应该承担的责任。而这位记者是聪明的，他运用了对方的思维和道理，借力打力，有效地反击了对方的观点，并且让对方无话可说。

可见，用对方的道理和逻辑来反击对方，真是一种高明的说服之术。正如阿尔·伦蒂尼所说的一句话："用对方的思维打败对方，是最高明的沟通术，能掌握这种沟通方法的人，是真正的心理操控大师。"

聪明的你，如果陷入了说服的困局，那么不妨使用这种借力打力的方式，相信没有谁不能被你说服的。